Gianni Vattimo

Jenseits des Christentums

Gibt es eine Welt ohne Gott?

Aus dem Italienischen von
Martin Pfeiffer

Carl Hanser Verlag

Titel der Originalausgabe:
After Christianity
Columbia University Press, New York, N.Y. 2002

Übersetzt wurde nach der italienischen Ausgabe:
Dopo la cristianità
Per un cristianesimo non religioso
Garzanti Libri, Mailand 2002

Die Übersetzung dieses Buches wurde
mit Unterstützung von SEPS erstellt.

SEPS
Segretariato Europeo per le Pubblicazioni Scientifiche
European Secretariat for Scientific Publications
Via Val d'Aposa 7 40123 Bologna – Italy
Tel. +39 051 271992 Fax +39 051 265983
seps@alma.unibo.it http://www.seps.it

1 2 3 4 5 – 08 07 06 05 04

ISBN 3-446-20483-0

Satz: Fotosatz Reinhard Amann, Aichstetten
Druck und Bindung: Ebner & Spiegel, Ulm
Printed in Germany

Inhalt

Einleitung
Glauben, daß man glaubt

Als mein Buch *Credere di credere* übersetzt wurde, stellte sich heraus, daß der Titel für die Wiedergabe in den verschiedenen Sprachen, in denen die Arbeit bislang veröffentlicht worden ist, ein Problem darstellte. Nur im Spanischen ließ er sich in seiner ursprünglichen Komplexität beibehalten (*Creer que se cree*). In anderen Fällen mußte er auf unterschiedliche Weise abgewandelt werden: *Glauben Philosophieren* auf deutsch; *Belief* auf englisch; *Espérer croire* auf französisch ... Auch auf italienisch klingt der Ausdruck paradox: Glauben bedeutet entweder, daß man im Hinblick auf eine Sache Glauben, Überzeugung oder Gewißheit hat, oder aber, daß man meint, also mit einem gewissen Spielraum von Unsicherheit annimmt. Um den Sinn dieses Ausdrucks wiederzugeben, würde ich also sagen, daß das erste »glauben« diese letztgenannte Bedeutung hat und das zweite die Bedeutung Nummer eins haben müßte – Glauben, Überzeugung, Gewißheit haben. Nur daß es etwas kompliziert ist, die beiden Bedeutungen des Verbs zusammenzustellen: Wenn ich lediglich meine, denke, mit einer gewissen Wahrscheinlichkeit annehme, daß ich eine Gewißheit und einen Glauben habe, dann wird die Sache zweideutig und fragwürdig.

Und doch scheint mir das, was ich mit diesem zweideutigen Ausdruck bezeichnen möchte, eine recht begreifliche und verbreitete Erfahrung zu sein, die viele von uns gut kennen. Wie ich es in dem Buch erzähle, kam mir der Ausdruck eines Tages in den Sinn, als ich – und das auch noch von einem öffentlichen Fernsprecher aus, auf einem freien Platz, mitten im Verkehr und im Stimmengewirr der Leute – mit einem alten Lehrer von mir telefonierte, der sehr gläubig ist und den ich seit langem nicht gesehen hatte; als er mich fragte, ob ich schließlich noch an Gott glaubte, antwortete ich denn ihm: »Nun ja, ich glaube, daß ich glaube.« Dies ist auch heute noch meine Einstellung, und beim Nachdenken über diese spontane Antwort habe ich verstanden – oder glaube verstanden zu haben –, daß diese zwiespältige Bedeutung von Glauben mit meiner ganzen Erfahrung als Philosoph und, vielleicht, als Intellektueller dieser Epoche verknüpft ist. Das sage ich ohne Überheblichkeit, vielmehr mit dem Eingeständnis, daß das, was ich denke, »exemplarisch« nur in dem Sinne ist, in dem man von »einem Exemplar« spricht, von einem Ding, das einer großen Zahl ähnlicher Objekte entspricht, einem Auto einer bestimmten Marke oder einer statistischen Stichprobe (die auch nicht »exemplarisch« im Sinne einer außerordentlichen Leistung ist).

Wieso glaube ich also verstanden zu haben, daß der religiöse Glaube für einen Menschen wie mich, der mit der zeitgenössischen Philosophie, aber auch, und vor allem, mit dem postmodernen Leben vertraut ist, nur diesen Sinn haben kann, der zutiefst von einer Ungewißheit des Meinens geprägt ist?

Mein Weg im Hinblick auf den christlichen Glauben ist ebenfalls eine »statistische Stichprobe«, die für den Entwicklungsgang exemplarisch ist, den so viele Menschen miteinander teilen, welche die gleiche Ausbildung haben wie ich. Unmittelbar nach dem Kriege, als ich etwa zehn Jahre alt war, habe ich regelmäßig die Kirche besucht, und dort haben sich meine Grundeinstellungen zur Welt und zu den anderen Menschen sowie außer dem religiösen auch das soziale und politische Interesse ausgebildet. In Übereinstimmung mit diesem Bündel von Interessen habe ich beschlossen, Philosophie zu studieren: Ich wollte zur Herausbildung eines neuen christlichen Humanismus beitragen, der sowohl vom liberalen Individualismus als auch vom marxistischen Kollektivismus und Determinismus frei wäre. Das waren die Jahre, in denen wir jungen Katholiken die Werke von Jacques Maritain studierten, dem großen französischen neothomistischen Denker, einem Antifaschisten, der ein Buch mit dem Titel *Christlicher Humanismus* verfaßt hatte. Von Maritain habe ich das Mißtrauen gegenüber gewissen Dogmen der Moderne geerbt, und deshalb bin ich nach einer Dissertation über Aristoteles darangegangen, Nietzsche und Heidegger zu studieren, die mir als die radikalsten Kritiker der Moderne erschienen. Nun bin ich gerade durch diese nicht nur antimodernen, sondern auch – das gilt vor allem für Nietzsche – antichristlichen Autoren paradoxerweise zum christlichen Glauben oder zu etwas, das ihm sehr ähnlich sieht, zurückgeführt worden.

Ich höre hier auf, mich über meine Biographie zu verbreiten, und versuche, dieses Paradox eines auf dem Wege über Nietzsche und Heidegger wiedergefundenen Christentums – wiedergefunden in Gestalt des »Glaubens, daß ich glaube« – zu erklären.

Die Verkündigung Nietzsches, wonach »Gott tot ist«, stellt nicht nur oder in erster Linie ein Bekenntnis zum Atheismus dar, so als sagte man: Gott existiert nicht. Eine derartige Behauptung, die Nichtexistenz Gottes, kann Nietzsche nicht formulieren, denn sonst würde die behauptete absolute Wahrheit dieser Behauptung für ihn immer noch soviel bedeuten wie ein metaphysisches Prinzip, eine wahre »Struktur« des Realen, welche dieselbe Funktion hätte wie Gott in der traditionellen Metaphysik. Dort, wo es ein Absolutes gibt, und sei es auch die Behauptung der Nichtexistenz Gottes, gibt es immer noch die Metaphysik, das höchste Prinzip, und das heißt eben gerade jenen Gott, dessen Überflüssigkeit Nietzsche entdeckt zu haben glaubt. Kurz gesagt, Gott ist tot, das bedeutet für Nietzsche, daß es kein letztes Fundament gibt, und nichts anderes. Wenngleich Heidegger das nicht anerkennen will, hat auch seine Polemik gegen die von ihm so genannte Metaphysik, das heißt die gesamte europäische philosophische Tradition seit Parmenides – welche meint, sie könne ein letztes Fundament der Realität in Form einer objektiven Struktur bestimmen, die wie ein Wesenskern oder eine mathematische Wahrheit außerhalb der Zeit gegeben ist –, eine analoge Bedeutung.

So wie Nietzsche nicht behaupten kann, daß Gott nicht existiert (damit müßte er ja sagen, daß er die wahre Struktur des Realen kennt), so kann Heidegger nicht die Metaphysik bestreiten und behaupten, daß das Reale eine andere – nicht objektive, veränderliche usw. – Struktur habe, denn auf diese Weise würde er immer noch eine Struktur behaupten. Tatsächlich leugnet Heidegger die metaphysische – objektive, dauerhafte, strukturelle – Konzeption des Seins nur im Namen der Erfahrung der Freiheit: Wenn wir existieren, als Projekte, Hoffnungen, Absichten, Ängste, kurz, als endliche Wesen, die eine Vergangenheit und eine Zukunft haben und nicht nur Erscheinungen sind, dann kann Sein nicht in Begriffen der objektivistischen Metaphysik gedacht werden.

Diese Ablehnung der Metaphysik drückt in Wirklichkeit die Haltung eines großen Teils des – nicht nur philosophischen, sondern auch künstlerischen, literarischen und religiösen – Denkens der ersten Jahrzehnte des 20. Jahrhunderts aus, als die humanistische Kultur das Bedürfnis zu verspüren begann, sich gegen jene »totale Organisation« der Gesellschaft aufzulehnen, die mit der Rationalisierung der

Arbeit und dem Triumph der Technologie durchgesetzt wurde.

Nach Ansicht eines großen Teils der Philosophie des 20. Jahrhunderts läßt sich Sein nicht mehr als Fundament denken, und dies nicht nur deshalb, weil man Gefahr liefe, daß dieser Objektivismus die totalitäre Gesellschaft und, zum bösen Schluß, Auschwitz oder den Gulag vorbereitet. Tatsache ist, daß es der europäischen Kultur zum Bewußtsein gekommen ist, daß es andere Kulturen gibt, die sich nicht einfach als »primitiv« einstufen lassen, das heißt als solche, die auf dem Wege des »Fortschritts« hinter uns Westlern hinterherhinken. Das 19. Jahrhundert ist die Epoche, in der sich die historischen Wissenschaften, aber auch die Kulturanthropologie entwickelten: Es reifte das Bewußtsein, daß es nicht nur einen einzigen Gang der Geschichte (der dann angeblich in der westlichen Zivilisation kulminiert), sondern verschiedene Kulturen und Geschichtsverläufe gibt. Dieses Bewußtsein erhielt später entscheidende Anstöße durch die Befreiungskriege der Kolonialvölker. Der Aufstand Algeriens gegen Frankreich und dann, zu Beginn der Siebziger, der Krieg um das Erdöl, das sind die letzten Episoden des nicht nur theoretischen, sondern praktischen und politischen Zusammenbruchs des Eurozentrismus, und das heißt der Idee einer einzigen menschlichen Zivilisation, deren Leitstern und Gipfelpunkt vorgeblich Europa darstellt.

Wie passen nun alle diese Dinge, und das heißt Nietzsche, Heidegger, das Ende des Kolonialismus und der christliche Glaube, zusammen? Mir scheint ganz einfach, daß man sagen kann, die Epoche, in der wir heute leben und die zu Recht postmodern heißt, ist die Epoche, in der man sich die Wirklichkeit nicht mehr als eine fest in einem einzigen Fundament verankerte Struktur denken kann, wobei es die Aufgabe der

Philosophie wäre, diese zu erkennen, und die Aufgabe der Religion vielleicht, sie anzubeten. Die tatsächlich pluralistische Welt, in der wir leben, läßt sich nicht mehr mit einem Denken interpretieren, das sie im Namen einer letzten Wahrheit um jeden Preis in eine Einheit bringen will. Ein solches Denken würde unter anderem jedem demokratischen Ideal zuwiderlaufen, es müßte behaupten – wie wir es von zahlreichen katholischen Politikern, zumindest in Italien, gehört haben –, daß ein von der Mehrheit gewolltes Gesetz, das aber ohne Wahrheit sei (oder das im Widerspruch zu den Lehren der Kirche stehe), keine Legitimität besitzt und daher, so muß man schließen, nicht den Gehorsam der Bürger verdient.

Von diesem Punkt aus kann man auf verschiedene Weise fortschreiten. Beispielsweise läßt sich fragen, wie es noch möglich ist, rational zu argumentieren, wenn wir auf den Anspruch verzichten, ein absolut letztes Fundament zu erfassen, das jenseits der kulturellen Unterschiede für alle gilt. Hierauf könnte die Antwort lauten: Der universelle Wert einer Behauptung wird geschaffen, indem man den Konsens im Dialog konstruiert und dabei nicht behauptet, man habe das Recht auf Zustimmung, weil man über die absolute Wahrheit verfügt. Und ein dialogischer Konsens wird geschaffen, indem man das anerkennt, was wir als kulturelles und historisches Erbe sowie auch als dasjenige von technisch-wissenschaftlichen Errungenschaften gemeinsam haben.

Meine Absicht ist eher zu zeigen, wie es der postmoderne Pluralismus (mir, aber ich glaube, auch im allgemeinen) gestattet, den christlichen Glauben wiederzuentdecken. Schließlich ist, wenn Gott tot ist, und das heißt, wenn die Philosophie zur Kenntnis genommen hat, daß sie das letzte Fundament nicht mit Gewißheit ergreifen kann, auch die »Notwendigkeit« des philosophischen Atheismus beendet. Nur eine »absolutistische« Philosophie kann sich ermächtigt fühlen, die religiöse Erfahrung zu leugnen. Doch Nietzsches Verkündigung vom Tode Gottes läßt sich vielleicht etwas noch Wichtigeres entnehmen. Gott ist tot, schreibt Nietzsche, weil seine Gläubigen ihn getötet haben – das heißt, sie haben gelernt, nicht zu lügen, weil er es ihnen gebot, und zum Schluß haben sie herausgefunden, daß Gott selbst eine überflüssige Lüge ist. Das aber bedeutet im Lichte unserer postmodernen Erfahrung: Eben weil Gott als letztes Fundament, und das heißt als absolute metaphysische Struktur des Wirklichen, nicht mehr vertretbar ist, eben deshalb ist es von neuem möglich, an Gott zu glauben. Allerdings nicht an den Gott der Metaphysik und der mittelalterlichen Scholastik, der jedenfalls nicht der Gott der Bibel ist, das heißt des Buches, das gerade die moderne rationalistische und absolutistische Metaphysik nach und nach aufgelöst und geleugnet hatte.

Und weiter: Wenn es keine Philosophie mehr gibt (keine historizistische wie den Hegelianismus und den Marxismus; und auch keine positivistische wie die verschiedenen Formen des Szientismus), welche meint, sie könne die Nichtexistenz Gottes beweisen, dann sind wir wieder frei, das Wort der Heiligen Schrift zu hören. Doch am postmodernen Ende der absoluten Philosophien gibt es noch mehr: Wir werden uns nämlich darüber klar, daß, wenn wir die Unhaltbarkeit der Anschauung vom Sein als ewiger Struktur, die sich in der objektivistischen Metaphysik spiegelt, entdecken, das, was uns bleibt, eben der biblische Begriff von der Schöpfung und von der Kontingenz und Geschichtlichkeit unserer Existenz ist. Übersetzen wir es in säkulare und philosophische Begriffe: Auch und vor allem auf Grund der Erfahrung des postmodernen Pluralismus können wir das Sein ausschließlich als Ereignis denken und die Wahrheit nicht mehr als Widerspiegelung einer ewigen Struktur des Realen, sondern als geschichtliche Botschaft, die es zu hören gilt und auf die zu antworten wir aufgerufen sind. Eine solche Auffassung von der Wahrheit gilt nicht nur für die Theologie und die Religion; es ist diejenige, welche mehr oder weniger explizit heute auch für einen großen Teil der Naturwissenschaften gilt, zumindest derjenigen, die sich der Historizität ihrer Paradigmen bewußt geworden sind. Dieser Begriff ist bekanntlich zutiefst durch die Verwendung geprägt, die Thomas Kuhn in einem 1963 erschienen Buch von ihr gemacht hat,[1] dessen Sinn, soweit uns das hier angeht, folgender ist: Die Naturwissenschaften verifizieren oder falsifizieren Hypothesen allein auf Grund gewisser Voraussetzungen – Methoden, Theoreme, Axiome usw. –, die ihrerseits nicht verifiziert oder bewiesen werden, denn sonst geriete man in einen unendlichen Regreß. Geburt und Tod der naturwissenschaftlichen Paradigmen sind komplexe historische Ereignisse, die sich nicht nach der Logik von Beweis und Widerlegung erklären lassen. Auch in der Wissenschaft geschieht das, was sich in unserer Alltagssprache ereignet: Wir erben sie mit den anderen Formen unserer Existenz, und nur von ihnen ausgehend erfahren wir die Dinge der Welt. Philosophen und Linguisten haben schon längst den Gedanken verworfen, daß wir zuerst die Dinge sehen und ihnen dann Namen beilegen; vielmehr begegnen wir der Welt, während wir bereits über Formen, Wörter und grammatische Strukturen verfügen, nach denen wir sie anordnen. Andernfalls würde sie uns als ein unterschiedsloses Durcheinander erscheinen.

Doch wir dürfen uns hier nicht in die Erörterung dieser Art des Erkenntnisgewinns vertiefen. Ich will nur sagen: Wenn wir – wie wir es, glaube ich, tun müssen – annehmen, die postmoderne Auffassung von der Wahrheit als Übermittlung von Botschaften, als Geburt und Tod von Paradigmen, als Interpretation der Dinge im Lichte ererbter historischer Sprachen habe Sinn, dann wird es von neuem möglich, die Bibel ernst zu nehmen. Ja, es wird unausweichlich, die Bibel ernst zu nehmen, da sie eines der Bücher ist, die das »Paradigma« der westlichen Kultur zutiefst geprägt haben. »Gott sei Dank bin ich Atheist«, sagt man auf italienisch mit einem paradoxen, aber nicht allzu paradoxen Satz. Nur als Erbe der jüdisch-christlichen Tradition, der das Reale als Schöpfung und als Heilsgeschichte denkt, befreit sich eben das postmoderne Denken wirklich von der objektivistischen Metaphysik und vom Szientismus und kann der Erfahrung der Pluralität der Kulturen und der kontingenten Geschichtlichkeit der Existenz entsprechen.

Doch warum und in welchem Sinne kann man dann »glauben, daß man glaubt«? Vor allem deshalb, weil der Gott der Bibel, den ich wiederfinde, sobald die Metaphysik liquidiert ist und nachdem ich die Illusion zerstört habe, ich könne beweisen, daß das Reale auf eine gewisse Weise gemacht sei und ein gewisses definitives Fundament habe, nicht mehr der Gott der metaphysischen Gewißheiten, der *praeambula fidei*, ist. Die natürliche Theologie, welche die scholastische Metaphysik konstruiert hatte, beruhte auf der Idee, man könne auf Grund des natürlichen gesunden Menschenverstandes die Existenz eines höchsten Wesens – Ursache, Ende usw. der Welt – beweisen und dann auf dieser Grundlage zum Hören der Offenbarung übergehen. Hingegen ist der in der postmetaphysischen Postmoderne wiedergefundene Gott allein der Gott des Buches: nicht allein im subjektiven Sinn des Genitivs der Urheber der biblischen Offenbarung, sondern auch im objektiven Sinn – der Gott, der sich uns nur im Buch gibt, der nicht als eine »objektive« Wirklichkeit außerhalb der Heilsverkündigung »existiert«, die uns von der Heiligen Schrift und von der lebendigen Tradition der Kirche in historisch wandelbaren Formen und Angeboten an die fortwährende Neuinterpretation durch die Gemeinschaft der Gläubigen verkündet worden ist. An einen solchen Gott glaubt man nicht im »starken« Sinne des Wortes, so als sei seine Realität besser bewiesen als die der sinnlich wahrnehmbaren Dinge oder der Gegenstände der Physik und der Mathematik. »*Fides ex auditu*«, ein Motto, das aus dem Neuen Testament stammt, bedeutet auch, daß man an den Gott der Offenbarung glaubt, weil man von ihm hat »reden hören«, also mit aller Ungewißheit, die sich mit den Dingen verbindet, welche wir für wahr nehmen, weil sie uns von jemandem gesagt worden sind, zu dem wir Vertrauen haben, ein Vertrauen, das aber durch das Gefühl der Freundschaft, der Liebe, des Respekts bedingt ist. Und man weiß auch, daß die Liebe häufig blind ist, daß sie die Dinge durchaus nicht so sieht, wie sie in ihrer »objektiven« Wahrheit sind.

Wenn aber die Paradigmen – die Horizonte, in deren Rahmen wir überhaupt die Welt erfahren – geschichtlich, existentiell und überliefert sind und deshalb keine Objekte von Beweis und Überprüfung darstellen, dann ist diese Form des Glaubens die primäre und grundlegendere Art und Weise, der Wahrheit zu begegnen. In diesem Sinne kommt jede Autorität von Gott: jede Verifizierung oder Falsifizierung von Behauptungen über die Welt wird durch ein Grund»vertrauen« möglich gemacht, das bestimmend ist, aber das Aussehen einer Mutmaßung hat, einer riskanten Wette oder schließlich des Akzeptierens aus Freundschaft, Liebe, Verehrung, *pietas*.

Eine derartige Auffassung vom postmodernen Glauben hat offensichtlich nichts mit der Anerkennung von starr definierten Dogmen oder einer durch eine Autorität durchgesetzten Disziplin zu tun. Gewiß ist die Kirche als Vehikel der Offenbarung wichtig, aber auch und vor allem als Gemeinschaft von Gläubigen, die in der Liebe als *caritas* frei den Sinn der christlichen Botschaft hören und interpretieren, wobei sie sich gegenseitig unterstützen und sich also auch korrigieren. Das ist eine Idee von Kirche, die sich beispielsweise bei zahlreichen romantischen Denkern wie Novalis und Schleiermacher findet und die zu Unrecht als Utopie angesehen wird, die es verdient, zusammen mit anderen Thesen des Idealismus des 18. und 19. Jahrhunderts liquidiert zu werden. Nur indem es diese Utopie ernst nimmt, wird das Christentum vielleicht in der Lage sein, in der postmodernen Welt seine Berufung als universale Religion zu verwirklichen.

Erster Teil

I
Der Gott, der tot ist

In einem der langen Fragmente aus den achtziger Jahren über den Nihilismus (die zunächst in den *Willen zur Macht* eingegangen waren) fragt sich Nietzsche, ob der Nihilismus mit irgendeiner Form von Glauben an das Göttliche vereinbar sei, und er nimmt die Möglichkeit einer pantheistischen Religiosität an, denn »im Grunde ist ja nur der moralische Gott überwunden«.[1] Bekannt sind übrigens auch andere Stellen in seinem reifen Werk, wo er von der Schaffung neuer Götter spricht, und man wird sich auch daran erinnern, daß er, wenn er den Tod Gottes verkündet, vorhersieht, daß dessen Schatten noch lange Zeit auf unsere Welt fallen wird; wie bei der Botschaft des Kaisers in der Erzählung Kafkas braucht es Zeit, bis die Verkündung die entferntesten Provinzen des Reiches oder die geheimsten Winkel unseres Bewußtseins erreicht. Abgesehen von jeder anderen Erwägung über den zutiefst religiösen und christlichen Charakter der Nietzscheschen Inspiration (über den es, angefangen mit der Untersuchung von Karl Jaspers, eine umfangreiche Literatur gibt[2]), läßt sich auch schon allein aus diesen Texten zu Recht der Eindruck gewinnen, daß für Nietzsche die Botschaft vom Tode Gottes das Gespräch mit der Religion nicht endgültig beendet.

Ich will aber keine Analyse über die Bedeutung dieser möglichen Rückkehr der Religion bei Nietzsche entfalten, die ein (übrigens keineswegs gelöstes) Problem der Nietzsche-Forschung darstellt. Vielmehr möchte ich von diesem Punkt ausgehen, um allgemeiner die Frage zu stellen, ob und wie weit das, was Nietzsche den Tod Gottes (oder die Überwindung des moralischen Gottes) nennt und was sich im zeitgenössischen Denken eher als das Ende der Metaphysik definieren läßt, wirklich das Ende jeder möglichen religiösen Erfahrung einschließt.

Der erste Schritt, den man, und sei es auch ganz kurz, tun muß, besteht darin, die Überführung des Gottestodes von Nietzsche in das Ende der Metaphysik zu rechtfertigen, welches bekanntlich in erster Linie eine Idee Martin Heideggers ist. Auch mit Heidegger möchte ich mich hier nicht thematisch beschäftigen, indem ich eine historische Rekonstruktion seines Denkens biete. Ich glaube, daß sowohl die Verkündung des Todes Gottes durch Nietzsche als auch die Verkündung des Endes der Metaphysik durch Heidegger (denn es handelt sich auch hier eigentlich um eine Verkündung, nicht um eine Theorie oder um eine These) als allgemeine Formen behandelt werden können, mit denen sich die Erfahrung der Spätmoderne charakterisieren läßt. In diesem Sinne werde ich sie (auf Grund historischer Analysen, die ich sowohl für den einen als auch für den anderen Autor an anderer Stelle durchgeführt habe) hier verstehen.

Was die Verkündung des Todes Gottes durch Nietzsche bedeutet, ist allseits hinlänglich bekannt. Der Glaube an Gott war ein machtvoller Faktor der Rationalisierung und Disziplinierung, der es dem Menschen gestattet hat, aus dem Urwald des *bellum omnium contra omnes* herauszutreten, und er hat auch die Konstituierung einer »wissenschaftlichen« Weltsicht begünstigt, die der Technik mit ihren Auswirkungen der Sicherung und Erleichterung der Existenz den Weg ebnet. Eben deshalb braucht der »zivile« Mensch von heute den Glauben an Gott nicht mehr, und dieser Glaube wird als nutzlose und obsolete Lüge gerade von denjenigen erkannt, denen in seinem Namen immer befohlen worden ist, nicht zu lügen. Das ist nach Nietzsches Ansicht der Grund, weshalb es die Gläubigen waren, die Gott getötet haben; aber viel mehr als in diesem buchstäblichen Sinn muß die Behauptung in bezug auf die Tatsache gelesen werden, daß es die allgemeine Entlastung des menschlichen Daseins – bestimmt durch die Rationalisierung der Existenz, die im Ursprung an den Glauben an Gott gebunden war – gewesen ist, welche die »extreme Hypothese« eines höchsten Wesens, Grund und Endziel des Werdens der Welt, nutzlos und obsolet gemacht hat.

Wichtig ist, daß man den Verkündungscharakter dieser »Doktrin« Nietzsches hervorhebt: Er verficht keine atheistische Metaphysik, die den Anspruch erhöbe, die Wirklichkeit als etwas, aus dem Gott ausgeschlossen ist, adäquat zu beschreiben. Dieser Anspruch wäre ebenso wie der Glaube an die Wahrheit, von dem an einer Stelle der *Fröhlichen Wissenschaft* die Rede ist, nur eine weitere Form des Glaubens an den moralischen Gott, das heißt an eine objektive Ordnung der Welt, die sie begründet und garantiert. Nur wenn man sich dies vor Augen hält, kann man die Analogie, aber besser noch die ununterbrochene Kontinuität zwischen dem von Nietzsche verkündeten Tod Gottes und dem Ende der Metaphysik, von dem Heidegger spricht, erkennen. Auch und vor allem hier geht es nicht um die Entdeckung einer philosophischen Wahrheit, die wahrer ist als diejenigen der metaphysischen Philosophien der Vergangenheit. Ebenso wie der Tod Gottes ist auch das Ende der Metaphysik ein Ereignis, welches das Denken nicht »objektiv« zu registrieren hat, sondern auf welches zu antworten es aufgerufen ist; ein Ereignis, welches das Leben dessen verändert, der die Botschaft davon empfängt – ja welches, so kann man sagen, ganz in dieser Veränderung besteht. Das Ereignis »Ende der Metaphysik«

hat im Denken Heideggers denselben Sinn wie der Tod Gottes: Auch hier ist es der moralische Gott, welcher *überwunden* und aufgegeben ist. Das, was Heidegger als Metaphysik bezeichnet, ist nämlich eben der Glaube an eine objektive Ordnung der Welt, die das Denken erkennen müßte, um ihr sowohl in seinen Beschreibungen der Wirklichkeit als auch in seinen moralischen Entscheidungen gerecht zu werden. Dieser Glaube erschöpft sich, wenn er sich als unhaltbar erweist. Und das geschieht, so können wir ganz summarisch und provozierend sagen, mit dem Existentialismus des 20. Jahrhunderts. Dieser Existentialismus, den in seiner radikalsten und konsequentesten Form *Sein und Zeit*, Heideggers Werk aus dem Jahre 1927, repräsentiert, ist das Denken, das der Vollendung der Metaphysik »entspricht«, die sich in der Welt der beschleunigten Rationalisierung der Gesellschaft verwirklicht und die ihrerseits durch die moderne Wissenschaft ermöglicht wird, welche die in der griechischen Metaphysik enthaltenen Prämissen bis zum letzten entfaltet hat. Solange der Glaube an eine ideale Ordnung der Welt bestand, an ein Reich von Wesenheiten jenseits der empirischen Realität, das die Erkenntnis und auch die Kritik der Grenzen dieser Realität gestattete, konnte sich die Metaphysik halten. Doch durch eine Reihe von Ereignissen im Zusammenhang mit der Entwicklung der modernen Wissenschaften, in denen die Wahrheit, die den platonischen Ideen zukam, immer ausschließlicher zur Objektivität von Sätzen der Physik geworden ist, untergräbt die Metaphysik sich selbst; sie erweist sich als ein nicht mehr annehmbarer (und daher auch nicht wirksamer) Glaube, weil die ideale Ordnung, auf die sie sich immer bezogen hat, zumindest im Prinzip zur realen Ordnung der durch die moderne technologische Gesellschaft rationalisierten Welt geworden ist. Diese Ordnung verunmöglicht tatsächlich die Existenz als Existenz, das heißt als Projektualität, Öffnung, Unvorhersehbarkeit und Freiheit; und sie macht sie theoretisch undenkbar, denn wenn das wahre Sein die Objektivität der Objekte ist, die von den Wissenschaften beglaubigt und in den Gesetzen der Physik kodifiziert ist, dann läßt sich eben die Existenz des Menschen nicht als Sein denken. In Heideggers Bemühen, über die Metaphysik hinauszugelangen (die er, wie man sich erinnern wird, als »Seinsvergessenheit« zugunsten des Seienden definiert), spiegelt sich sowohl die theoretische Unmöglichkeit, die menschliche Existenz mit den von der Tradition ererbten Begriffen zu denken, als auch die praktische, ethisch-politische Revolte gegen die totale Organisation, wie Adorno sie dann später nennt.

Die Selbstauflösung der Metaphysik läßt sich aber nicht nur in diesen Termini beschreiben. Sie ist nicht bloß eine Auffassung des Seins als Objektivität, die für uns aus theoretischen und praktisch-politischen Motiven unannehmbar wird. Nach *Sein und Zeit*, in den Jahren der *Kehre*, wie er selbst sie nannte, hat Heidegger immer stärker auf den nihilistischen Konsequenzen der modernen Wissenschaft und Technik insistiert. Mehr noch als die totale Organisation der Gesellschaft ist es die unaufhaltsame Explosion der Bilder von der Welt, welche die Metaphysik untergräbt und sie als Glauben an eine objektive, unveränderliche, auf einem Fundament ruhende Ordnung des Seins unmöglich macht. Die Spezialisierung der Wissenschaftssprachen, die Vielfalt der Kulturen (die nicht mehr hierarchisch durch den eurozentrischen Fortschrittsmythos vereinheitlicht werden), die Zersplitterung der Existenzsphären und der babylonische Pluralismus der spätmodernen Gesellschaft haben eine einheitliche Ordnung der Welt tatsächlich undenkbar gemacht; alle Metaerzählungen – so der glückliche Ausdruck Lyotards – sind in Mißkredit geraten, sie, die den Anspruch erhoben, die objektive Struktur des Seins widerzuspiegeln. All das macht das Ende der Metaphysik aus, welches also nicht allein die von einem Philosophen oder einer Schule gemachte Entdeckung darstellt, daß das Sein nicht die Objektivität ist, auf die es die Naturwissenschaft zu reduzieren glaubt; es handelt sich um ein Ensemble von Ereignissen, die unsere Existenz verändern und für die die postmetaphysische Philosophie eine Interpretation (die vor allem eine teilnehmende, engagierte, nicht neutrale Erkenntnis darstellt, weil sie nicht an einem idealen Punkt außerhalb des Prozesses angesiedelt ist), nicht aber eine objektive Beschreibung zu geben bemüht ist.

Die spätmoderne Welt von Babel ist es also, welche die Verkündung des Todes Gottes durch Nietzsche und die in ihrer Bedeutung damit identische Verkündung des Endes der Metaphysik durch Heidegger sozusagen »verifiziert« und ihnen Gültigkeit verleiht. In vielen Hinsichten, die wir nicht leicht zu einem systematischen Ganzen zusammenzufügen vermögen, die uns aber, glaube ich, sehr klar sind, ist es eben diese Welt, in welcher der »moralische Gott«, das heißt das metaphysische Fundament, tot und begraben ist. Doch es handelt sich eben um den Gott der Philosophen, wie Pascal ihn nannte. Viele Anzeichen lassen nämlich darauf schließen, daß gerade der Tod dieses Gottes das Terrain für eine wiedererwachte Vitalität der Religion bereitet hat.

Auf der theoretischen Ebene scheint mir das evident zu sein. Vor allem ist mit der Metaphysik als (Möglichkeit) systematischer Philosophie, die eine kohärente, einheitliche, streng begründete Repräsentation der stabilen Strukturen des Seins liefert, auch jede Möglichkeit geschwunden, philosophisch die Existenz Gottes zu leugnen. Das war übrigens schon eines der Ziele, die sich Kant in seiner Kritik der Vernunft setzte; es war für ihn wichtig zu zeigen, daß die Vernunft nicht objektiv von der noumenalen Welt und von Gott sprechen kann, auch und vor allem um die Möglichkeit der religiösen Erfahrung, die er allein auf der Ebene der praktischen Vernunft ansiedelte, gegen jeden Anspruch, sie auf Grund von metaphysischen Motivationen zu leugnen, geltend zu machen. Nun gut, heute erscheint es angemessen, daß eine der wichtigsten philosophischen Auswirkungen des Todes des metaphysischen Gottes und des allgemeinen oder fast allgemeinen Mißkredits, in den jede philosophische Letztbegründung geraten ist, darin besteht, den Weg für eine erneute Möglichkeit der religiösen Erfahrung frei zu machen. Diese Möglichkeit kehrt auch und vor allem über die Befreiung der Metapher in die Philosophie zurück. Fast ist es so, als hätte Nietzsche am Ende recht gehabt, als er die Schaffung vieler neuer Götter vorhersagte: Im Babel des spätmodernen Pluralismus und des Endes der Metaerzählungen vervielfältigen sich die Erzählungen ohne Zentrum und ohne Hierarchie. Keine leitende Metaerzählung, keine normative Metasprache ist in der Lage, sie zu legitimieren oder zu delegitimieren. Es stürzt jene gesellschaftliche Hierarchie zwischen den Sprachen, von der ebenfalls Nietzsche in dem langen Jugendfragment »Über Wahrheit und Lüge im außermoralischen Sinn« gesprochen hatte. In dieser Schrift behauptete Nietzsche den im wesentlichen metaphorischen Charakter der Sprache: Jeder verbindet frei mit einem Gegenstand ein geistiges Bild und einen Klang; nur mit der Stabilisierung der Gesellschaft und einer Herrscherkaste entsteht auch die Verpflichtung, »nach einer festen Konvention zu lügen«, das heißt, als einzige »angemessene« Sprache die Metaphern der Herrscher zu verwenden; die anderen Sprachen werden zu rein metaphorischen Sprachen, auf das Feld des Poetischen degradiert. Nun beseitigt aber der zentrumslose Pluralismus der postmetaphysischen Epoche jede theoretische Möglichkeit, zwischen metaphorischer und eigentlicher Sprache zu unterscheiden; diese Unterscheidung hat sich, solange sie sich noch hielt, als bloßer Effekt der ungleichen Verteilung gesellschaftlicher Macht erwiesen. Das ist beispielsweise der Sinn der Forschung Michel Foucaults. Natürlich hat die Befreiung der Metapher von der Unterordnung unter den eigentlichen Sinn nur im Prinzip stattgefunden; in der Praxis sind wir in der pluralistischen Gesellschaft noch weit davon entfernt, tatsächlich vollkommene Gleichheit zwischen den Formen des Lebens (verschiedene Kulturen, Gruppen, Minderheiten usw. unterschiedlichen Typs), für welche die verschiedenen Metaphernsysteme den Ausdruck darstellen, verwirklicht zu haben. Doch zumindest im theoretischen Diskurs der Philosophie und der Kritik sowie in vielen literarischen Genres ist der Zusammenbruch jedes hierarchischen Prinzips, jeder Kontrollinstanz ziemlich offenkundig. Es gibt nicht nur explizite Theorien vom Ende der Metaerzählungen wie diejenige Lyotards; und Theorien der Neubeschreibungen wie die von Richard Rorty, für den sogar das für die menschliche Kultur Entscheidende darin besteht, daß sich die Neubeschreibungen unendlich vervielfachen, damit »das Gespräch weitergeht«. Ein Symptom dieser Befreiung der Metapher, das vor allem in der neueren italienischen philosophischen Literatur, aber auch ganz allgemein in vielen Werken der »kontinentalen« Philosophie besonders sichtbar ist, stellt auch die unbefangene und nicht explizit gerechtfertigte Verwendung mythologisch-religiöser Terminologien dar, die anfangs (übrigens auf den Spuren Heideggers) ausgehend vom Dialog zwischen Philosophie und Dichtung eingeführt wurde und dann zu einem autonomen Faktum geworden ist. Immer häufiger geschieht es, daß die Philosophen außerhalb des Zusammenhangs eines Kommentars zu poetischen, theologischen oder mythologischen Texten und ohne explizite Rechtfertigung des Rückgriffs auf diese Termini beispielsweise von Engeln, von Erlösung sprechen oder auf die klassischen und vorklassischen Mythologien Bezug nehmen.

Anscheinend ist jede Unterscheidung zwischen philosophischem Schreiben und poetischem oder kreativem Schreiben verlorengegangen. Viel radikaler: Das Ende der Metaphysik und der Tod des moralischen Gottes haben die philosophischen Grundlagen des Atheismus liquidiert. Heute scheinen die Philosophen mehrheitlich nur aus Trägheit, nicht aus starken theoretischen Gründen irreligiös oder antireligiös zu sein. Die letztgenannten Gründe wurden in der Moderne mit positivistischen oder historizistischen Metaphysiken identifiziert. Gott wurde entweder deshalb geleugnet, weil er sich nicht durch das wissenschaftliche Experiment verifizieren ließ, oder deshalb, weil man ihn als eine unweigerlich überwundene Phase des Prozesses der Aufklärung der Vernunft erkannte. Heute sind mit dem Ende der Metaphysik auch und vor allem diese Metaerzählungen außer Kurs geraten.

Der Befreiung der Metapher und dem Schwinden der philosophischen Gründe für den Atheismus entspricht – aber natürlich ohne irgendeinen Zusammenhang kausaler Abhängigkeit – die Wiedergeburt des Religiösen in der fortgeschrittenen Industriegesellschaft. Für diese Wiedergeburt gibt es natürlich viele Erklärungen, die letztlich mit denselben historischen Verhältnissen korrelieren, von denen das Ende der Metaphysik ausgeht: beispielsweise der Sturz des Kolonialismus, der die »anderen« Kulturen befreit und den eurozentrischen Historizismus vor allem praktisch unmöglich gemacht hat. Das Ende des westlichen Kolonialismus hat in einem großen Teil der industrialisierten Länder auch die Entwicklung einer multiethnischen Gesellschaft bedeutet, und diesen Pluralismus kann man sicher, auch wenn er weniger friedlich ist als der »textuelle« Pluralismus der Philosophie und der Kritik, als ein Phänomen der Befreiung der Metapher ansehen. Die anderen Kulturen, die in den westlichen Gesellschaften das Wort ergriffen haben, haben auch ihre Theologien und ihre religiösen Glaubensvorstellungen mitgebracht. Vielleicht auch als – imitative oder defensive – Reaktion auf diesen Pluralismus haben sich in den westlichen Gesellschaften Formen einer Rückkehr zur lokalen religiösen Tradition entwickelt; wahrscheinlich auch und vor allem deshalb, weil der Untergang jeder »eigentlichen« Sprache und jeder Hierarchie der Weltanschauungen Abwehrreaktionen hervorgerufen und das Bedürfnis geweckt hat, zu irgendeiner Form der Zugehörigkeit zurückzukehren, die wie jede Vaterschaft Sicherheit gibt und zugleich Furcht erregt. Darüber hinaus ist einerseits die Popularität zu nennen, die eine Persönlichkeit wie der römische Papst bei seinem starken Beitrag zum Sturz der kommunistischen Diktaturen errungen hat; und andererseits der schwerwiegende Charakter der durch die Entwicklungen der Biowissenschaften hervorgerufenen Probleme, die allein mit den Instrumenten der modernen Vernunft nicht lösbar erscheinen und die daher zu einer Suche nach tieferen und »wesentlicheren« Wahrheiten drängen.

Ich bin sicher, daß wir alle dieser Aufzählung der Motivationen und der Formen, welche die Wiedergeburt der Religiosität in unserer Welt annimmt, noch zahlreiche Elemente hinzufügen könnten. Doch schon in einem summarischen Rahmen wie dem, den ich soeben skizziert habe, tritt in all ihrer Großartigkeit eine paradoxe Tatsache zutage: Sowohl in ihren theoretischen als auch in einigen grundlegenden historisch-gesellschaftlichen Aspekten (wie dem Zusammenbruch des Eurozentrismus und der auch politischen Befreiung der anderen Kulturen) scheint die Rückkehr der Religion von der Auflösung der Metaphysik abzuhängen, und das heißt von der Diskreditierung jeder Lehre, die den Anspruch erhebt, absolut und endgültig als wahre Beschreibung der Strukturen des Seins zu gelten. Die Befreiung der Metapher ist es, die es den Philosophen von neuem ermöglicht, von Gott, von Engeln, von Erlösung usw. zu sprechen, und es ist auch und vor allem der für die spätmodernen Gesellschaften charakteristische Pluralismus, der die Religionen wieder sichtbar werden läßt. Andererseits scheint sich die Wiedergeburt des Religiösen notwendig als Anspruch zu gestalten, eine letzte Wahrheit zu erreichen, zwar als Gegenstand des Glaubens und nicht des rationalen Beweises, aber doch tendenziell unter Ausschließung gerade jenes Pluralismus der Weltanschauungen, der die Voraussetzung ihrer Möglichkeit zu sein scheint.

Die Frage, die man sich hier stellen muß, wenn man dieses Paradox zur Kenntnis genommen hat, lautet, ob wirklich der Tod des moralisch-metaphysischen Gottes als sein Resultat die Wiedergeburt der religiösen oder ethnisch-religiösen oder religiös-kommunitären Fundamentalismen haben muß, die wir rings um uns in so großer Zahl gedeihen sehen. Das ist eine Frage, die man sich in nur geringfügig anderen Termini auch auf der Ebene der Philosophie stellen kann. Auch hier erscheint es nämlich paradox, daß die Konsequenz der Überwindung der Metaphysik (theoretisch erfaßt vor allem von Heidegger, aber in unterschiedlichen Formen für einen großen Teil der Philosophien unseres Jahrhunderts von zentraler Bedeutung) nur die Legitimierung des Relativismus und seines »Schattens«, das heißt des Fundamentalismus und seiner »demokratischen« Form, des Kommunitarismus, ist. Und doch ist es, zahlreichen Anzeichen nach zu urteilen, genau dies, was geschieht – beim Relativismus denke ich natürlich an Richard Rorty; beim Kommunitarismus an Philosophen wie Alasdair MacIntyre, Charles Taylor u. a. Doch um auf dem Gebiet der Religion zu bleiben, die hier mein Thema ist, erscheint es mir hinlänglich evident, daß sich ihre Rückkehr in die philosophische Sprache und in die allgemeine Erfahrung als Befreiung der Metapher von der Unterordnung unter den »richtigen« Sinn vollzieht und sich an das Ende der Metaphysik nur als Voraussetzung dieser Befreiung knüpft. Ich denke vor allem im italienischen und französischen zeitgenössischen Denken an christliche Philosophen, die sich insofern als Postmetaphysiker bekennen, als sie das Ende der Metaphysik vor allem als Delegitimierung jedes philosophischen Atheismus und als Freimachen des Weges für eine Pascalsche Wette und für eine Glaubensentscheidung deuten. Die Thesen des »schwachen Denkens«, wie ich es gemeinsam mit einigen anderen postheideggerianischen italienischen Philosophen genannt habe, sind bei einem Teil des italienischen katholischen Denkens eben deshalb sehr populär geworden, weil sie mit einer gewissen Parteilichkeit als schlichtes Eingeständnis der Schwäche der Vernunft interpretiert worden sind. Gewiß ist der Zusammenbruch der Metaerzählungen auch eine Anerkennung von Schwäche in diesem Sinne; denn »schwach« ist das Eingeständnis Nietzsches, daß wir nicht umhin können, in metaphorischen und daher nicht objektiven, deskriptiven, den Zustand der Dinge repräsentierenden Termini zu reden. Doch das ist nur ein kleiner Teil der ganzen Geschichte. Ihn zu isolieren bedeutet eben, das Ende der Metaphysik und den Tod des moralischen Gottes auf eine Legitimierung des Relativismus und des Fundamentalismus, ob kommunitaristisch oder nicht, zu reduzieren.

Wenn wir einräumen, daß wir mit dem Ende der Metaphysik keine Grundlage mehr haben, um die verborgene Wahrheit in unseren Mythen zu enthüllen oder die Ideologien zu entlarven, weil wir entdeckt haben, daß auch der Glaube an die letzte Wahrheit ein Mythos ist und daß auch die Idee der Entlarvung der Ideologien Ideologie ist, sollen wir dann einfach dazu zurückkehren, Mythen und Ideologien Glauben zu schenken? Ich habe den Eindruck, daß in vielen Aspekten der zeitgenössischen Kultur eben dies geschieht, auch wenn es nicht ausdrücklich anerkannt wird. Wenn sich beispielsweise die postmetaphysische Philosophie darauf beschränkt, den Pluralismus um des Pluralismus willen oder die Legitimität der vielfältigen Erzählungen ohne Hierarchie oder Zentrum geltend zu machen, dann tut sie im Grunde nichts anderes, als eine Rückkehr zum Mythos und zur Ideologie ohne ein anderes kritisches Prinzip zu predigen als die wenn auch wichtige Voraussetzung der Toleranz. Aber sind dann Toleranz und Pluralismus nicht gleichfalls Mythen und Ideologien, die nicht den Anspruch erheben können, als ein normativer Metadiskurs zu gelten? Für denjenigen, der anerkennt, daß er nicht allein von außen, *from nowhere*, auf die babylonische Vielfalt der Weltanschauungen blicken kann, reicht der Ruf zur Toleranz nicht hin; dies ist, glaube ich, die Stärke der »kommunitaristischen« Einwände gegen den liberalen Relativismus.

Wenn man über diese Schwierigkeiten nachdenkt, die sich mit den Konsequenzen des Endes der Metaphysik und des Todes Gottes verbinden, dann begegnet, so scheint mir, die Philosophie der Religion, und dies nicht mehr bloß als einer durch die Niederlage und die Anerkennung der eigenen Schwäche »negativ« eröffneten Möglichkeit.

Die Überwindung der Metaphysik läßt sich, wenn sie wirklich radikal sein will, nicht darauf reduzieren, als schlichte und einfache Re-Legitimierung des Mythos, der Ideologie und auch des Pascalschen Sprungs in den Glauben zu gelten.

Denken wir darüber nach, was die Überwindung der Metaphysik für Martin Heidegger bedeutet hat, den Philosophen, der sie am radikalsten theoretisch erfaßt hat. Das Bemühen, das Sein – aus den oben genannten Gründen – nicht mehr als objektive Struktur zu denken, die der Geist widerspiegeln müßte, indem er sich in seinen praktischen Entscheidungen an sie anpaßt, hat ihn dazu geführt, Philosophie als ein sich in Erinnerung vollziehendes Zurücksteigen in die Geschichte des Seins zu praktizieren. Der Ausdruck »Geschichte des Seins« oder auch »Geschick des Seins« (der mit der Ähnlichkeit der Begriffe *Geschichte* und *Geschick* spielt) ist beim späten Heidegger zentral. Und dies deshalb, weil die einzige nicht metaphysische, nicht objektivierende Art und Weise, das Sein zu denken, für Heidegger diejenige zu sein scheint, die es nicht als dem Auge des Geistes von vornherein objektiv gegebene Struktur, sondern als Ereignis, als Geschehen auffaßt. Um das zu verstehen, könnten wir sagen, daß sich die Gegenstände unserer Erfahrung nur in einem bestimmten Horizont ereignen; dieser Horizont ist als ein Licht, welches die Dinge erscheinen läßt, nicht seinerseits objektiv sichtbar. Wenn wir von Sein sprechen können, müssen wir es eher als jenen Horizont und jenes Licht denken denn als die allgemeine Struktur der Objekte. Da das Sein nicht Objekt ist, hat es aber auch nicht die Unveränderlichkeit, welche die metaphysische Tradition ihm zuschreiben wollte. Das Ereignis des Seins ist ein solches im doppelten

Sinne des Genitivs: Der Horizont ist Öffnung, die zum Sein gehört, aber er ist auch das, wozu das Sein gehört; es ereignet sich kein unveränderliches, ewiges usw. Sein, sondern das Sein ist nur das, was von Fall zu Fall in seinem Ereignis geschieht.

Vor dem Sein als Ereignis besteht die Aufgabe des Denkens nach Heidegger darin, sich an seine Geschichte zu erinnern: Denken ist für ihn Andenken. Nicht weil es, wiederum in einer Perspektive der objektiven Widerspiegelung, notwendig wäre, das historische Sein in seiner Totalität zu erkennen – wie es im Grunde Hegel dachte. Vielmehr geht es darum, »in den befreienden Abgrund der Tradition zu springen« – ein Sprung, der nur deshalb befreiend ist, weil er den Anspruch der gegenwärtigen Ordnung des Seienden erschüttert, als die einzige, ewige objektive Ordnung des Seins als solchem zu gelten. Der Sprung liefert uns keine wahrere und vollständigere Kenntnis dessen, was das Sein objektiv ist; er sagt uns nur, daß das Sein nichts Objektives und Unveränderliches ist, er enthüllt es uns als Ereignis, in dem wir immer als Interpreten mitbeteiligt und in gewisser Weise »unterwegs« sind (das Sein und wir). Das, was ich als »schwaches Denken« zu bezeichnen vorgeschlagen habe, beharrt auf diesem Aspekt des Heideggerschen Andenkens: Der Sprung in den Abgrund der Tradition ist immer auch eine Schwächung des Seins, weil er die Ansprüche der Endgültigkeit erschüttert, mit denen sich die ontologischen Strukturen der Metaphysik immer präsentiert haben. In dem Sprung wird andererseits das Sein nicht als Ereignis in abstrakten Termini erkannt – so als sagten wir, daß das Sein »immer« Ereignis sei (einer Auffassung von Historizität zufolge, die sich darauf beschränkt, es als »ewige« Endlichkeit der Existenz, als ewigen Fall in die Zeit usw. zu denken).[3] Das Ereignis ist das Ereignis, das uns hier und heute geschieht. So ist die Schwächung des Seins, zu der es kommt, wenn dieses sich, im Sprung, als Ereignis enthüllt, auch untrennbar eine Schwächung der Tradition, in die wir springen, als Sinn und historischer Leitfaden. Das erinnernde Zurücksteigen in die Geschichte des Seins ist auch eine Philosophie der Geschichte, die von der Idee der Schwächung geleitet wird: Zerstörung der starken Strukturen auf der theoretischen Ebene (von der metanarrativen Metaphysik zu den lokalen Rationalitäten; vom Glauben an die Objektivität der Erkenntnis zum Bewußtsein des hermeneutischen Charakters jeder Wahrheit) und auf der Ebene der individuellen und sozialen Existenz (vom Subjekt, das sein Zentrum in einer Evidenz des Selbstbewußtseins findet, zum Subjekt der Psychoanalyse; vom Zustand der Despotie zum Zustand der Verfassung; und so fort ...).

Bis hierher habe ich zwei herausragende Aspekte des Todes Gottes umrissen: Vor allem habe ich zu zeigen versucht, wie das Ende der Metaphysik als Glaube an eine begründete, unveränderliche, notwendige, objektiv erkennbare Ordnung des Seins im Denken und in der sozialen Praxis vom Tode des moralischen Gottes, des Gottes der Philosophen, aber auch von einer Wiedergeburt des Heiligen in den vielfältigsten Formen begleitet wurde. Andererseits habe ich darauf insistiert, daß bei dem Autor, der am kohärentesten das Ende und die Überwindung der Metaphysik behauptet hat, und das ist Heidegger, dieses Ende den Übergang von einer Auffassung des Seins als Struktur zu einer Auffassung des Seins als Ereignis bedeutet, das durch einen Ruf zur Schwächung charakterisiert ist.

Die Schlußfolgerungen, zu denen ich von diesen beiden

langen Prämissen aus gelangen möchte, lauten: erstens, daß die Wiedergeburt der Religion im postmetaphysischen Zeitalter nicht nur aus einem Mißverständnis hervorgegangen ist, sondern theoretisch legitim erscheinen kann, wenn man eine enge Verwandtschaft – ich kann es einstweilen nicht anders nennen – zwischen religiöser Tradition des Abendlandes und dem Denken des Seins als Ereignis und als Geschick der Schwächung anerkennt; zweitens, daß die Anerkennung dieser Verwandtschaft der Philosophie die Grundlage dafür liefert, kritisch die Formen zu denken, welche die Wiedergeburt des Heiligen heute annimmt; anders gesagt, diese Wiedergeburt kann und muß philosophisch kritisiert werden, wenn sie die für sie konstitutive antimetaphysische Inspiration verrät.

Die Anerkennung der »Verwandtschaft« ist kein Übergang, der sich »logisch«, irgendeiner begrifflichen Notwendigkeit folgend, realisiert. Sie ist, wie dies bei den Ausgangspunkten der philosophischen Reflexion oft der Fall ist, etwas Unreines, das sich aber auf Grund von Bedeutungen, von Verbindungen, von der umfassenden Überzeugungskraft, die es in seiner Entwicklung zu entfalten vermag, von einem rationalen Standpunkt aus legitimieren läßt. Wenn ich mich frage oder wenn wir uns fragen, weshalb eine Auffassung der Geschichte des Seins als Geschick der Schwächung uns (wie ich es zumindest glaube) überzeugend erscheint, dann lautet die Antwort, die einem in den Sinn kommt: weil wir Erben einer Tradition sind, die sich von »christlichen« Werten genährt hat, als da sind Brüderlichkeit, *caritas*, Ablehnung der Gewalt, und das alles auf eine Lehre gegründet, in deren Mittelpunkt die bereits alttestamentliche Lehre der Erlösung und die Idee der Fleischwerdung oder, wie der hl. Paulus sie nennt, der *kénōsis* Gottes hat. Ich weiß wohl, daß diese »humanitären« Werte unserer Tradition genau diejenigen sind, die Nietzsche als Ausdruck und auch als Ursache des Nihilismus und der Dekadenz ansah, aber sowohl Nietzsche selbst als auch vor allem Heidegger leiten uns auch an, den Nihilismus (und den demokratischen Humanitarismus unserer Tradition) als den Weg zu betrachten, auf dem die Metaphysik ans Ende gelangt und das Sein sich als Ereignis offenbart (sich gibt). Die Tatsache, daß die postmetaphysische Philosophie die Geschichte des Seins eben als Geschichte der Schwächung sieht, ist nicht von ihrer Zugehörigkeit zu dieser Tradition zu trennen. Die Anerkenntnis dieser Tradition kann also nicht allein die fraglose Konstatierung eines Faktums sein. Wie ich oben gesagt habe, öffnet sich die philosophische Diskussion in gewisser Weise wieder für den Sinn des Endes der Metaphysik; und andererseits bietet sie die Grundlage, um kritisch die Formen zu unterscheiden, welche die Wiedergeburt des Heiligen heute annimmt. Der Terminus, um den herum sich diese beiden Aspekte des Diskurses entwickeln können, ist »Säkularisierung«. In ihrer »Verwandtschaft« mit der biblischen Botschaft der Heilsgeschichte und der Fleischwerdung Gottes erkannt, heißt die Schwächung, welche die Philosophie als charakteristischen Zug der Geschichte des Seins entdeckt, Säkularisierung, verstanden im weitesten Sinne, der alle Auflösungsformen des Heiligen umfaßt, die für den modernen Zivilisationsprozeß charakteristisch sind. Wenn aber die Säkularisierung der Modus ist, in dem sich die Schwächung des Seins, und das ist die *kénōsis* Gottes, die den Kern der Heilsgeschichte darstellt, verwirklicht, dann kann sie nicht mehr als Phänomen der Preisgabe der Religion gesehen werden, sondern als, und sei es auch paradoxe, Verwirklichung ihrer tiefsten Berufung. Im Hinblick auf diese Berufung zur Schwächung und zur Säkularisierung wird eine kohärent postmetaphysische Philosophie bestrebt sein müssen, auch die verschiedenen Phänomene der Rückkehr der Religion in unserer Kultur zu verstehen und zu kritisieren, woraus aber zwangsläufig folgt, daß sie auch sich selbst aufs Spiel setzt.

2
Die Lehren Joachims von Fiore

Erkennt man die Verwandtschaft zwischen Geschichte oder Schwächung des Seins und Säkularisierung des Heiligen in der Tradition des Abendlandes an, dann scheint mir das ein sehr großes Gebiet der Reflexion sowohl für die Philosophie selbst als auch für die Selbstinterpretation der religiösen Erfahrung zu eröffnen. Ich werde hier nicht eine entscheidende Seite des ersten Aspekts dieser Reflexion darlegen, nämlich diejenige, die danach trachten müßte, vom philosophischen Standpunkt aus die Beziehungen zwischen Philosophie und Religion neu zu denken und dabei die Bedeutungen dessen zu präzisieren, was ich in bewußt vager Weise ihre »Verwandtschaft« genannt habe. (Es würde hier wahrscheinlich darum gehen, von einem ähnlichen Begriff wie dem der »Familienähnlichkeit« auszugehen und dabei natürlich dessen Reichweite gegenüber derjenigen, die sie bei Wittgenstein hat, zu erweitern.) Ich gedenke auch nicht, hier die Frage zu erörtern, ob die Anerkennung als säkularisierte Verwandte der christlichen Offenbarung für die Philosophie die Pflicht bedeutet, schlicht und einfach zur Bibel und schließlich zur Kirche zurückzukehren. Hierzu bemerke ich nur, daß dies gerade bedeuten würde, die Säkularisierung als einen Akt der Preisgabe zu denken, welcher rückgängig gemacht und annulliert werden müßte, um die Authentizität, die »eigentliche« Bedeutung dessen, was gesagt wird, wiederzugewinnen.

Statt dessen will ich hier zu analysieren versuchen, was die Idee der Säkularisierung als konstitutiver Aspekt der Geschichte des Seins, und *das heißt* der Geschichte des Heils, für die Art und Weise bedeuten könnte, die Rückkehr der Religion zu leben.

Nietzsche hat recht: Die Gläubigen sind es, die Gott getötet haben. Der Tod Gottes, des moralisch-metaphysischen Gottes, ist ein Ergebnis der Religiosität: Im unmittelbarsten und buchstäblichsten Sinne können wir diese Behauptung im Hinblick auf die nur scheinbar paradoxe Tatsache verstehen, auf die wir uns berufen haben, daß es gerade mit der Auflösung der Metaphysik von seiten des philosophischen Denkens und auch der Kultur und der kollektiven Mentalität unserer Gesellschaften zu einer neuen Öffnung für die religiöse Erfahrung kommt. Es könnte also sein, daß es die erneuerte religiöse Sensibilität ist, welche die Metaphysik ermordet hätte. Daß es die Gläubigen waren, die Gott umgebracht haben, bedeutet aber auch etwas Radikaleres und vielleicht Skandalöseres: daß nämlich die Säkularisierung, jenes ganze Ensemble von Phänomenen der Verabschiedung vom Heiligen, welche die abendländische Moderne kennzeichnen, ein Faktum darstellt, welches Teil der Geschichte der Religiosität des Abendlandes ist und sie sogar in starkem Sinn charakterisiert, also keineswegs eine Erscheinung ist, die ihr äußerlich und feindlich gegenüberstünde. Wenn sich die moderne Zivilisation säkularisiert, dann ist dies eine positive Form, in der sie auf den Ruf ihrer religiösen Tradition antwortet. Und das bedeutet, wie ich zu argumentieren versuchen werde, auch, und radikaler, daß die religiöse Erfahrung, wie sie sich in der Kultur des Abendlandes, des Okzidents ergibt – des »Landes des Sonnenuntergangs«, wie Heidegger es unter Beharren auf der Etymologie der Wörter nennt; wir werden es als das »Land des Untergangs des Heiligen« bezeichnen –, eine lange »Ermordung« Gottes ist, als eine Aufgabe, in der sich der eigentliche Sinn der Religion zusammenfassen läßt.

Als Sinnbild für diese Art und Weise, die religiöse Erfahrung zu begreifen und zu leben, wird hier Joachim von Fiore aufgefaßt, sowohl zum Teil wegen des spezifischen Inhalts seiner Lehre vom Zeitalter des Geistes als auch wegen seiner allgemeinen theologischen Haltung, welche die Heilsgeschichte als Geschichte einer »spiritualisierenden« Verwandlung des Sinns der Schrift versteht. In dieser Perspektive ist die biblische Offenbarung nicht die Mitteilung einer Botschaft, die man nur so getreu und »definitiv« wie möglich zu begreifen hätte, um sie auf unser Leben anzuwenden: Das Heil, das sie verheißt, ist auch und vor allem ein immer »volleres«, immer vollkommeneres, aber nicht einfach »objektiveres« und buchstäblicheres Begreifen der Botschaft selbst. Die Heilsgeschichte ist nicht allein eine Geschichte derjenigen, welche die Botschaft empfangen, sie ist auch und vor allem Geschichte der Botschaft, für welche die Rezeption ein konstitutives und nicht nur akzidentielles Moment darstellt. Vielleicht ist dies der Charakter der jüdisch-christlichen Botschaft, der in der Geschichte der Religionen einen einzigartigen Fall darstellt und der sie jenseits jedes imperialistischen oder eurozentrischen Anspruchs zu einem berechtigten Kandidaten dafür macht, als universale Religion zu gelten. Diese Behauptung von Universalität ist nämlich nicht mit dem Anspruch gleichzusetzen, im Gegensatz zu den Irrtümern der falschen und trügerischen Götter die einzige Wahrheit zu sagen, sondern sie stellt sich als »assimilative« Fähigkeit dar, die nicht (wie das römische imperiale Pantheon) eine zufällige praktisch-politische Anpassung ist, sondern die eigentliche Bedeutung der zentralen Lehre der Fleischwerdung darstellt. Hier gilt es daran zu erinnern, daß auch bei katholischen Denkern, die sich als unverrückbar orthodox bekennen, die sich aber in die Perspektive einer postmetaphysischen Philosophie stellen, wie etwa Luigi Pareyson, die Fleischwerdung Gottes in Jesus Christus, weit davon entfernt, ein Dementi und eine Delegitimierung der Mythen der anderen Religionen zu sein, eine wenn auch implizite Autorisierung für sie darstellt. Gerade weil sich der christliche Gott in Jesus verkörpert, ist es möglich, Gott auch unter der Form eines anderen Naturwesens zu denken, wie es in vielen nichtchristlichen religiösen Mythologien geschieht. Die natürlichen und historischen Symbole (bis hin zu den »Chiffren«, von denen Jaspers spricht) können tatsächlich als Symbole Gottes gelten, weil dieser Gott in Jesus Mensch geworden ist und so seine Verwandtschaft mit dem Endlichen und der Natur gezeigt oder auch, wie wir sagen würden, auf diese Weise die Auflösung seiner Transzendenz in die Wege geleitet hat.

Die vorherrschende christliche Tradition hat dennoch die assimilative Fähigkeit des zentralen Dogmas der Fleischwerdung immer nur retrospektiv begriffen, in Form einer definitiven Erfüllung, welche die Epoche der mythischen und symbolischen Offenbarungen beendete und ihre letzte Wahrheit in Christus zeigte. Von da an ist es nicht mehr »möglich«, könnten wir sagen, an die Mythen zu glauben. Sie sind als wahr anerkannt, aber zugleich endgültig überwunden – nach einem Schema, das sich punktuell in der Geschichtsphilosophie Hegels wiederfindet, der sich nicht umsonst als authentisch christlicher Denker bekennt und dessen Denken man zu Recht den anamnestischen Charakter vorgeworfen hat.[1] Derjenige, der auch und vor allem die Öffnung zur Zukunft, die im Dogma der Fleischwerdung liegt, hat gelten lassen, war Joachim von Fiore, der mittelalterliche Prophet des sogenannten »dritten Zeitalters« der Heilsgeschichte oder des

Zeitalters des Geistes. Die Geschichtstheologie Joachims ist im christlichen Denken der ersten Jahrhunderte nicht völlig ohne Vorläufer, und ihre bedeutenderen Vorboten lassen sich bei Gregor von Nazianz finden, während die Schar seiner bewußten oder unbewußten Nachfolger in der späteren Geschichte des europäischen Denkens unübersehbar ist. Joachim stellt in der mittelalterlichen Bibelexegese einen entscheidenden Wendepunkt dar, vor allem weil er die verschiedenen Theorien des mehrfachen Sinns der Schrift abwandelt und vervollständigt (die klassischste, die sich beispielsweise bei Dante findet, ist die sogenannte der vier Sinne – buchstäblich, allegorisch, moralisch, anagogisch –, die in dem Spruch zusammengefaßt ist: *litera gesta docet, quod credas allegoria, moralis quid agas, quo tendas anagogia*). Diese Lehre vom vierfachen Sinn ist in ihrer Gesamtheit als die Lehre der »geistigen Intelligenz« der Heiligen Schrift bekannt; Joachim stellt diese verschiedenen Aspekte aber nun, ohne sie zu leugnen, in ein umfassenderes und grundlegenderes Schema, welches man mit gutem Recht als »historisch« bezeichnen kann. Die geistige Intelligenz der Schrift ist vor allem die Fähigkeit, die von der Bibel erzählten Ereignisse als »Sinnbilder« anderer historischer Ereignisse zu erfassen, eher und vielleicht grundlegender denn als Gleichnisse, die der Erbauung der Gläubigen dienen sollen. Das bedeutet nicht nur, daß man dann die im Alten Testament erzählten Fakten als bildliche Symbole der Ereignisse des Neuen Testaments liest, wie es die »prophetische« Exegese bereits zu tun gelehrt hatte, dies aber mit vorwiegend apologetischen (Jesus verwirklicht die Prophezeiungen, also legitimiert er sie und ist durch sie legitimiert) oder einfach erbaulichen Zielen. Joachim meint, daß es mit seiner Methode auch möglich sei, im engeren Sinne zu weissagen und auf der Grundlage der sinnbildlichen Exegese vergangener Geschehnisse der Heilsgeschichte künftige Ereignisse eben dieser Geschichte vorherzusehen. Wir berufen uns hier nicht auf diesen Aspekt seiner Theologie, die sich, abgesehen von dem Risiko, auf die Ebene der Weissagungen des Nostradamus hinabzusinken, auch noch durch einen Buchstabenglauben versündigt, der vor allem der eigentlichen Idee des Zeitalters des Geistes widerspricht, die derselbe Autor formuliert hat. Wenn wir uns jetzt zumindest im Prinzip im Zeitalter der geistigen und nicht mehr buchstäblichen Interpretation der Heiligen Schrift befinden, dann erscheint es ganz und gar widersprüchlich, noch den Anspruch zu erheben, man könne die biblischen Erzählungen als Geschichten von »objektiv« wahren Ereignissen lesen und erst recht als Prophezeiungen über Fakten, die »wirklich« auf der historisch-weltlichen Ebene geschehen sollen. In diesem Punkt hat meines Erachtens Eugenio Trias recht, wenn er sagt, daß sich der Geist nicht anders denn in symbolischer Form entfaltet, mit einer immer verborgenen Reserve, und sich per definitionem nicht auf die Buchstäblichkeit reduzieren läßt, die doch von punktuellen und realistischen Prophezeiungen wie denen, die Joachim versucht, gefordert würde.[2] Ein Ereignis kann niemals reines Symbol für ein anderes punktuelles Ereignis der Geschichte sein, seine spirituelle Interpretation reduziert sich nie allein auf eine chronologische Verschiebung von der Vergangenheit in die Zukunft (oder umgekehrt).

Die Bedeutung, die uns an der Lehre Joachims interessiert, ist jedoch der Grundgedanke einer Heilsgeschichte, die noch im Gange ist; gerade weil die Geschichte des Heils nicht erfüllt ist, läßt sich noch von einer auf die Zukunft gerichteten Prophezeiung sprechen, aber aus demselben Grunde kann die Prophezeiung, ohne sich zu widersprechen, keinen Anspruch auf eine realistische Buchstäblichkeit erheben. Diese

Buchstäblichkeit ist dadurch ausgeschlossen, daß das, was Joachim dazu berechtigt, über Jesus hinaus die Schrift prophetisch zu interpretieren, die Überzeugung ist, daß wir uns im Zeitalter des Geistes befinden, in dem sich die Bibel eben nicht mehr buchstäblich interpretieren läßt.

Was die drei Zeitalter sind, die nach Joachim das Schema der Geschichte darstellen, ist hinlänglich bekannt. Sie haben die Personengliederung der Dreieinigkeit zum Vorbild. »Drei Zustände der Welt endlich sind es, welche uns [...] die Sakramente der heiligen Texte empfehlen. Der erste ist der, in dem wir unter dem Gesetz standen; der zweite ist der, in dem wir unter der Gnade standen; der dritte, den wir in naher Zukunft erwarten, ist der, in dem wir unter einer größeren Gnade stehen werden. [...] Der erste begab sich in der Knechtschaft der Sklaverei, der zweite in der Knechtschaft des Sohnes, der dritte wird in Freiheit sein. [...] Der erste in der Furcht; der zweite im Glauben; der dritte in der Liebe. Der erste ist der Zustand der Sklaven, der zweite derjenige der Kinder, der dritte der der Freunde. [...] Der erste Zustand gehört daher dem Vater, welcher der Urheber aller Dinge ist; der zweite dem Sohn, der sich herabgelassen hat, unseren Staub anzunehmen; der dritte dem Heiligen Geist, von dem der Apostel sagt: ›Wo der Geist des Herrn ist, da ist Freiheit.‹« (*Conc.* f. 112 b-c).[3] Und wiederum: »Wie nämlich der Buchstabe des Alten Testaments durch eine gewisse Eigentümlichkeit der Ähnlichkeit dem Vater zu gehören scheint und der Buchstabe des Neuen Testaments dem Sohne, so [gehört] die geistige Intelligenz, die aus beiden hervorgeht, dem Heiligen Geiste« (*Exp*. f. 5 b-c).

Wie man sieht, glaubt Joachim nicht, daß wir uns bereits im dritten Zustand, im Zeitalter des Geistes, befinden, aber er weissagt ihn als bevorstehend, eben auf Grund der sinnbildlichen Entsprechungen zu den Ereignissen, welche die Bibel erzählt. In diesen Entsprechungen (die zu kompliziert sind, als daß sie sich hier wiedergeben lassen) spielt die Geburt des benediktinischen Mönchtums eine entscheidende Rolle. Der dritte Zustand beginnt nämlich »mit der Zeit des heiligen Benedikt«; »die Ordnung der Mönche« (nach derjenigen der Ehegatten und der der Prediger, welche dem ersten beziehungsweise dem zweiten Zustand oder der zweiten Epoche entsprechen), »welcher äußerst große Zeiten gegeben sind, gehört dem Heiligen Geist« (*Exp.* f. 5 b-c, wie oben). Der monastische Charakter der dritten Periode beruht auf einem anderen Aspekt der Dreiteilung, wonach die erste Periode »unter Geißeln [verlief], die zweite im Handeln, die dritte in der Kontemplation« (*Conc.* f. 112 b-c).

Das dritte Zeitalter bleibt also lediglich angekündigt, und die Prophezeiung Joachims bleibt eine Prophezeiung, auch und vor allem deshalb, weil sie eine Deutung der »Zeichen der Zeit« ist, die sich innerhalb des Prozesses ereignet, der es aber gelingt, diese Zeichen zu lesen, weil sie sich zumindest zum Teil schon in dem Zeitalter befindet, das sie als bevorstehend ahnt. Das ist, wie man begreift, kein ungewöhnliches Denkverfahren in der Geschichte der Religion: Weil das Heil in gewissem Sinne schon eingetreten ist, sind wir aufgerufen, uns zu retten, aber gerade das zeigt, daß die Geschichte des Heils noch im Gange ist. Wenngleich wir ein ähnliches Schema für alle religiösen Heilsbotschaften als gültig annehmen können, hat dieses doch im Christentum eine radikalerer Tragweite, weil es den Inhalt der Botschaft selbst berührt, nicht nur die Form, in der sie sich den Gläubigen darbietet. Die Geschichte der Schöpfung und der Erlösung als Artikulierung dreier Zeitalter bildlich zu fassen, von denen jedes einer der drei Personen der Dreieinigkeit angehört, führt nämlich in das göttliche Leben selbst, welches der »Inhalt« der Offenbarung ist, einen historischen Rhythmus ein.

Bis hierher scheint uns die Aktualität der Lehren Joachims also an die grundlegende »Entdeckung« der für die Offenbarung konstitutiven Geschichtlichkeit gebunden zu sein, die wir dem Ereignischarakter des Seins entsprechen lassen, zu dem die postmetaphysische Philosophie gelangt. Diese »Entdeckung« hat, das braucht man nicht noch einmal zu betonen, in der Philosophie dieselben Merkmale wie die Prophezeiung des dritten Zeitalters bei Joachim: Das Ende der Metaphysik ist ein Ereignis, das sich ankündigt, das erkannt und auf diese Weise auch gefördert und in die Tat umgesetzt oder zumindest in seiner Bedeutung als Leitfaden für unsere Entscheidungen klarer erläutert werden will. Die Zeichen des Herannahens des dritten Zeitalters, das wir heute als die Epoche des Endes der Metaphysik bezeichnen, sind für uns natürlich nicht dieselben wie diejenigen, von denen Joachim sprach. Was aber die Grundbedeutung des Zeitalters des Geistes angeht – nicht mehr der Buchstabe, sondern der Geist der Offenbarung; nicht mehr Sklaven, sondern Freunde; nicht mehr die Furcht oder der Glaube, sondern die Liebe als *caritas*; und vielleicht auch nicht mehr das Handeln, sondern die Kontemplation –, so dient uns der Text Joachims immer noch als Führer, und wir können sogar zu denken wagen, daß der lange Prozeß der Säkularisierung, der uns von der historischen Epoche des kalabrischen Abtes trennt, eine Erfüllung von Bedingungen gewesen ist, welche die Ankunft des dritten Zeitalters näherrücken lassen. Zwar können auch wir nicht sagen, daß es sich bereits erfüllt hat. Und vielleicht läßt sich das dritte Zeitalter angesichts seines »spirituellen« Charakters nicht als etwas vorstellen, dem es wirklich bestimmt ist, erfüllt zu werden, wenngleich dies dogmatische Probleme mit sich bringt, die nicht gleichgültig sind, wie sich leicht ahnen läßt. Der Geist weht, wo er will, sein ist das Reich der Freiheit, ihn in endgültige Grenzen einzuschließen wäre eine unangebrachte Art und Weise, ihn auf den Buchstaben zu reduzieren. Dies scheint jedoch nicht den Kern der Lehre Joachims zu berühren, den Gedanken, daß das Heil über bestimmte Zeiten hinweg geschieht, daß es eine seinem Wesen nach historische Angelegenheit ist und daß seine Geschichte noch im Gange ist, genau wie das göttliche Leben in der Gliederung der drei Personen der Dreieinigkeit »im Gange« ist. Dieser Kern ist es, der die *Wirkung*, das Schicksal der Lehren Joachims von Fiore in der Geschichte des europäischen Denkens dargestellt hat. Eine Geschichte, die von Henri de Lubac sehr ausführlich erzählt wird, in einem Buch,[4] dessen Nützlichkeit nicht dadurch gemindert wird, daß der Autor ständig bemüht ist, von einem orthodoxen katholischen Standpunkt aus die Unhaltbarkeit der radikaleren Aspekte der Ideen Joachims aufzuzeigen; gegen de Lubac könnte man hingegen die Lektüre von Joachim und seiner Bedeutung in seiner Zeit und in der unseren anführen, die Ernesto Buonaiuti bietet, der große Inspirator des katholischen Modernismus, den Papst Pius X. zu Beginn des 20. Jahrhunderts verdammt hatte. Das, was zahlreiche europäische Denker, Philosophen und Dichter am spirituellen Erbe Joachims fasziniert hat, ist immer noch sein Gedanke des im wesentlichen historischen Charakters des Heils: sowohl insofern es einen Prozeß darstellt, der noch im Gange ist, als auch insofern es ein Ereignis ist, das die Geschichte der Welt mit einbezieht, nicht nur eine individuelle Entscheidung, das ein für allemal festgelegte Erbe des Glaubens anzunehmen.

Unter den Exponenten der »geistigen Nachkommenschaft« Joachims, der de Lubac seine Analysen widmet, stehen Novalis, Schleiermacher und Schelling der Linie des Diskurses, die ich hier entwickle, vielleicht am nächsten. Schelling nenne ich nicht nur wegen seiner Philosophie der Mythologie (die ich an dieser Stelle nicht ausführlich erörtern kann), sondern als Verfasser jenes *Ältesten Systemprogramms des deutschen Idealismus* (das anfangs Hegel zugeschrieben wurde; es ist jedoch von Hegel, Schelling und Hölderlin in der Zeit ihrer Bruderschaft im Stift zu Tübingen gemeinsam gedacht); [5] in diesem Text wird – in prophetischem Ton, das muß man sagen – der Anbruch eines Reiches der Freiheit verkündet, das sich auf der Grundlage einer »sinnlichen Religion« verwirklichen wird, die gedacht ist als »Monotheismus der Vernunft und des Herzens, Polytheismus der Einbildungskraft und der Kunst« und als »Mythologie der Vernunft«. Eine detailliertere Analyse dieses Fragments könnte die enge Nachbarschaft dieser Prophezeiung zu derjenigen Joachims erweisen; mit Sicherheit übernimmt und akzentuiert sie die Idee einer spirituellen Interpretation der Heiligen Schrift, wenn sie vom »Umsturz alles Afterglaubens, Verfolgung des Priestertums« spricht und vorhersagt: »Dann herrscht [...] nimmer das blinde Zittern des Volks vor seinen Weisen und Priestern.« Joachim hat sich nicht so weit vorgewagt, aber es ist nicht schwer zu sehen, daß die Interpretation der heiligen Texte, wenn die Autorität des Buchstabens der Schrift einmal gefallen ist und sich das Reich der Freiheit und der Liebe etabliert hat, keine ausschließliche Domäne der priesterlichen Autorität mehr ist. Größere Nähe zu Joachim, zu seinem dritten Zeitalter als Zeitalter der Kontemplation, zeigt vielleicht die ästhetische Charakterisierung, die das *Programm* für das Reich der Freiheit gibt. »Die Poesie bekommt«, so Schelling, »eine höhere Würde, sie wird am Ende wieder, was sie am Anfang war – Lehrerin der Menschheit.« Noch expliziter sind diese Züge des Reiches der Freiheit in der von Novalis verfaßten Schrift *Die Christenheit oder Europa*, die zu Unrecht als »reaktionärer«, da katholischer Text angesehen wird. Doch gerade die Entscheidung für den Katholizismus und gegen den Protestantismus hat bei Novalis einen joachimitischen Klang, weil sie eben die Entscheidung gegen die Starrheit des Buchstabens der Bibel ist. Mit dem Prinzip *sola scriptura* hat Luther nämlich anstelle des Glaubens die Philologie eingeführt, deren »auszehrender Einfluß« von da an unverkennbar wird.[6] »Dem religiösen Sinn war diese Wahl höchst verderblich, da nichts seine Irritabilität so vernichtet, wie der Buchstabe. Im ehemahligen Zustande hatte dieser bei dem großen Umfange der Geschmeidigkeit und dem reichhaltigen Stoff des katholischen Glaubens, so wie der Esoterisierung der Bibel [...] nie so schädlich werden können; jetzt aber wurde [...] die absolute Popularität der Bibel behauptet, und nun drückte der dürftige Inhalt, der rohe abstracte Entwurf der Religion in diesen Büchern desto merklicher, und erschwerte dem heiligen Geiste die freie Belebung, Eindringung und Offenbarung unendlich« (S. 737 f.). Anstelle aller dieser Dinge heißt es in der neuen Religion, deren Vorboten Novalis zufolge im romantischen und idealistischen Deutschland schon zu erkennen sind: »Unendlich viel Geist wird entwickelt«; eine große Versöhnungszeit kündigt sich an, »ein Heiland, der wie ein ächter Genius unter den Menschen einheimisch, nur geglaubt, nicht gesehen werden [kann], und unter zahllosen Gestalten den Gläubigen sichtbar, als Brod und Wein, verzehrt, als Geliebte umarmt, als Luft geathmet, als Wort und Gesang vernommen, und mit himmlischer Wollust, als Tod, unter den höchsten Schmerzen der Liebe, in das Innre des verbrausenden Leibes aufgenommen wird« (S. 745). Wir sind (vielleicht zum Glück) diese exaltierten Töne nicht mehr gewohnt, und vor allem neigen wir dazu, sie argwöhnisch zu betrachten, wenn sie aus der deutschen Kultur kommen, eben derjenigen, die in unserem Jahrhundert so viele politische Monster hervorgebracht hat. Doch der Geist weht, wo er will, und der romantische Traum einer neuen Religion, die, wie es Novalis auf der letzten Seite dieser Schrift noch einmal sagt, auf den Ruinen des Papsttums und auf denen des sektarischen Protestantismus eine neue sichtbare Kirche errichtet, die alle Grenzen überwindet und »alle nach dem Ueberirdischen durstigen Seelen in ihren Schoß aufnimmt«, ist zum großen Teil auch noch unser Traum. Was das Erbe Joachims bei Schleiermacher angeht, dessen Reden *Über die Religion* mit der Arbeit von Novalis mehr oder weniger zeitgenössisch sind und demselben kulturellen Milieu angehören, dem des »Athenäums« der Brüder Schlegel, so ist es noch expliziter und sichtbarer in der These, wonach nicht nur die Bibel nicht buchstäblich interpretiert werden darf, sondern jeder religiöse Geist imstande sein müßte, sozusagen eine für sich zu schreiben.[7]

Können wir diese Gegenwart Joachims in der modernen europäischen Tradition (eine Gegenwart, für die ich nur einige sehr summarische Beispiele vorgelegt habe) in die Nähe jenes Ensembles von für die Moderne charakteristischen Fakten rücken, das ich unter die allgemeine Überschrift Säkularisierung gestellt habe? Die Hypothese, die ich hier zu klären und zu erhärten suche (ich weiß nicht, ob man auf diesem Gebiet von einem richtigen Beweis oder von einer möglichen Falsifizierung sprechen kann), besagt, daß gerade die Säkularisierung des modernen Denkens und der modernen Gesellschaft, die auch den Sinn des Endes der Metaphysik und der »Entdeckung« des Seins als Ereignis und als Geschick von Schwächung darstellt, das ist, worauf man heute im Geiste

Joachims blicken muß: die Zeichen des Zeitalters des Geistes, vergleichbar mit dem, was für den kalabrischen Abt die Entstehung des benediktinischen Mönchtums war. Wenn wir uns für einen Augenblick der letzten Seite der Arbeit von Novalis zuwenden, die ich oben gerade zitiert habe, werden wir sehen, daß sie eine im weiten Sinne »politische« und sogar kosmopolitische Tendenz hat. Die Hoffnung auf eine neue Kirche nährt sich hier von der Beobachtung eines Ensembles historischer Tatsachen: die durch die Französische Revolution hervorgerufene Erschütterung des Papsttums (Novalis schreibt nämlich 1799, und seit 1798 war Rom von den Truppen Napoleons besetzt, der Papst Pius VI. in Valence festgesetzt hatte), die Krise der in ihre Sektarismen eingeschlossenen protestantischen Konfessionen und vor allem der Eindruck von Novalis: »Die andern Welttheile warten auf Europas Versöhnung und Auferstehung, um sich anzuschließen und Mitbürger des Himmelreichs zu werden« (S. 750). Heute stehen wir vielleicht nicht mehr vor einer Krise des Papsttums oder der protestantischen Konfessionen, aber gewiß ist das Problem des Ökumenismus drängend, das nicht nur theoretische Problem der Beziehungen des christlichen Abendlandes zu den anderen Religionen und zu den Gesellschaften, die sich in ihnen wiedererkennen. Der nicht nur religiöse, sondern auch kulturelle Pluralismus ist es, der die Lage unserer Welt aufwühlt und sie zugleich so verheißungsvoll macht. Es ist nicht gewagt zu sagen, daß das ökumenische Gefühl, das sich in den Ausführungen von Novalis ausdrückt, heute viel konkreter motiviert ist, es hat sich aus dem Reich des Traumes und der individuellen poetischen Intuition auf die Ebene der alltäglichen internationalen Politik verschoben. Und die Faktoren, die diese Verwandlung hervorgerufen haben, sind weitgehend ökonomisch-sozialer Natur, sie hängen von der Technologie ab und von der Auswirkung der Vereinheitlichung und Rationalisierung, die diese auf die gesamte bewohnte Welt, auf die Ökumene, ausgeübt hat. Ich denke hier natürlich auch an die Bedeutung von »Säkularisierung«, die sich auf die Beschreibung beruft, die Max Weber von der Moderne als Epoche der kapitalistischen Rationalisierung der Welt gegeben hat, welche auf einer gewissen »Anwendung« der protestantischen Ethik und allgemeiner auf dem jüdisch-christlichen Monotheismus beruht. Die Moderne als Säkularisierung, und das heißt, als interne und »logische« Entwicklung der jüdisch-christlichen Offenbarung zu begreifen und deren philosophisches Ergebnis dann in der Auflösung der Metaphysik und im Aufkommen des Seins als Ereignis zu sehen, das heißt, die Zeichen der Zeit auf den Spuren Joachims von Fiore und seiner spirituellen Schüler wie Novalis, Schelling und Schleiermacher zu lesen.

Im Lichte der Lehren Joachims interpretiert, nimmt der Tod Gottes, den die Gläubigen umgebracht haben, und das heißt die Säkularisierung, auf die sich die Moderne gegründet hat, eine Bedeutung an, die den Sinn aufnimmt, in dem ein großer Teil der christlichen Theologie von heute von Säkularisierung und sogar vom Tode Gottes als Ereignissen, die mit der Renaissance der Religion verbunden sind, gesprochen hat, ihn aber auch vervollständigt und, wie ich glaube, in seinem Innersten verwandelt. Wenn die Säkularisierung nicht lediglich als Preisgabe des Heiligen und als allgemeine Sündhaftigkeit stigmatisiert wird, wird sie von der Theologie meist als radikale Manifestation der Differenz zwischen Gott und der irdischen Wirklichkeit rehabilitiert. Die Atmosphäre der Theologie Karl Barths, wenn auch nicht immer seine expliziten Lehren, ist folgende: Die Säkularisierung der modernen Welt ist die paradoxe Bestätigung der Transzendenz

Gottes gegenüber jeder weltlichen Verwirklichung. Die säkularisierte Welt ist das Korrelat des ganz anderen Gottes. Dieselbe Atmosphäre atmen trotz allem Dietrich Bonhoeffer und seine Idee eines »Christentums ohne Religion«, die endgültig auf das Bild des lückenbüßerischen Gottes verzichtet, das heißt einer Wahrheit Gottes, die nur durch die unheilbare Mangelhaftigkeit des Menschen bewiesen wird. Bonhoeffer steht einer »positiven« Auffassung von der Säkularisierung gewiß viel näher als Barth, zumindest insofern, als er sich ausdrücklich weigert, sie als paradoxe Situation anzusehen, in der sich die Transzendenz Gottes offenbart (welche eben diejenige des metaphysischen Gottes, des Lückenbüßers, wäre, Ergänzung einer menschlichen und weltlichen Wirklichkeit, die ganz in den Horizont der Endlichkeit und der Sünde eingeschlossen ist). Gleichwohl scheint es auch bei Bonhoeffer (und ich fürchte, auch bei anderen Theologen des Todes Gottes wie Cox, Altizer oder Hamilton und Van Buren) keine explizite Theorie der Säkularisierung und des Todes des metaphysischen Gottes als Ort der positiven Bekräftigung der Göttlichkeit durch die Idee der Fleischwerdung zu geben. Wenngleich ich mich nicht in der Lage sehe, Ausnahmen auszuschließen (zumindest eine detailliertere Analyse durchzuführen, die ich hier nicht zu entfalten beabsichtige), scheint mir im allgemeinen, daß die manchmal auch explizite Präsenz des Nietzscheschen Gedankens vom Tode Gottes sich in der zeitgenössischen Theologie generell in Lehren ausdrückt, die bewußt den Standpunkt des Paradoxons einnehmen: Das Verschwinden des Heiligen aus der Welt ist die Art und Weise, in der sich in der aktuellen Situation des Denkens mit größerer Kraft die Transzendenz, die totale »Andersheit« des biblischen Gottes bekräftigt.

In gewissem Sinne, und das sei hier natürlich ohne jede

antisemitische Implikation gesagt, ist der Gott, der sich am Ende des Prozesses der Säkularisierung als ganz anderer wiederentdecken läßt, eher der Gott des Alten Testaments als derjenige des Neuen; nicht der in Jesus Christus Fleisch gewordene Gott der neutestamentlichen Offenbarung und noch weniger der Gott als Geist des dritten Zeitalters, den Joachim von Fiore geweissagt hatte. Und die Berufung auf die Lehren Joachims hat eben den Sinn, in expliziter Weise die radikale Differenz zwischen der Position, die ich hier vertrete, und denjenigen zu zeigen, die, in der heutigen Kultur weit verbreitet, die Wiederbelebung der Religion als eine Öffnung für das ganz Andere auffassen: Ich denke natürlich an den großen Einfluß von Emmanuel Lévinas, aber auch an den Dekonstruktionismus Jacques Derridas. Diese Positionen sind allesamt Formen der Rückkehr zu einer Theologie des ersten Zeitalters, joachimitisch gesprochen; einer Rückkehr, die von der Fleischwerdung nichts weiß und die infolgedessen die Säkularisierung allein als einen Verfall begreifen kann, in dem man durch eine Art dialektischer Umkehrung der Transzendenz des ganz anderen Gottes begegnet, dessen Göttlichkeit, nebenbei gesagt, eben allein in seiner radikalen Andersheit zu bestehen scheint. (Bei Derrida scheint die Öffnung für das Göttliche eben allein dies zu sein: daß wir »*viens*« zu jemandem sagen, von dem wir absolut nicht wissen, wer er ist.) Sich gegen die Theologien des ganz Anderen für Joachim zu entscheiden rechtfertigt sich nicht nur auf Grund der Entscheidung, der christlichen Tradition treu zu bleiben, die übrigens, als historische Tradition, der wir angehören – und die, als solche, zu uns spricht und uns aufruft, in gewissem Sinne uns bindet und »verpflichtet« –, auch das jüdische Erbe enthält; nur wenn sie in dogmatischen Systemen und Kirchendisziplinen erstarren, trennen sich die beiden Seelen dieser Tradition, die jüdische und die christliche, und stellen sich einander entgegen. Auch die philosophischen Motivationen, die meiner Hypothese zufolge zu einem Wiederfinden der Religion führen und die ich in der Enthüllung des Seins, am Ende der Metaphysik, als Geschick der Schwächung zusammengefaßt habe, führen zu dem Verdacht einer übermäßigen Betonung, die auf die als Mysterium, gänzliche Andersheit und Paradox verstandene Transzendenz Gottes gelegt worden ist – der nur der »Sprung« in den Glauben als Akzeptieren des Absurden entsprechen kann. Kurz: der ganz andere Gott, von dem so viele Richtungen der heutigen religiösen Philosophie sprechen, ist nicht nur nicht der fleischgewordene christliche Gott; er ist immer noch der alte Gott der Metaphysik, zumindest in dem Sinne, daß er als eine Letztbegründung aufgefaßt wird, die für unsere Vernunft (bis zu dem Punkt, daß sie ihr absurd erscheint) unzugänglich, aber gerade deshalb in ihrer höchsten Unveränderlichkeit und Endgültigkeit garantiert – das heißt, mit den Kennzeichen des Platonischen *óntōs on* versehen – ist.

Wenn wir mit den heutigen Theorien Barthscher und Bonhoefferscher Prägung die Säkularisierung als einen »Ort« lesen wollen, an dem sich die Transzendenz Gottes offenbart, werden wir diesen Prozeß jedoch nicht als Sprung und Umkehrung, sondern als Erfüllung einer Heilsgeschichte auffassen müssen, die von Anfang an durch den Leitfaden des Todes Gottes gelenkt worden ist – das heißt der Auflösung des Heiligen, der Liquidierung der Transzendenz, dessen, was der hl. Paulus die *kénōsis* nennt. Diese Lesart der Säkularisierung folgt, wie man vielleicht schon begriffen hat, abgesehen von Joachim von Fiore, der Ontologie Heideggers und den anthropologisch-religiösen Spekulationen von René Girard. In Werken wie *Das Heilige und die Gewalt* und vor allem *Das*

Ende der Gewalt,[8] bei denen ich mich hier darauf beschränken muß, ohne umfassendere Erörterung auf sie zu verweisen, hat Girard meines Erachtens in überzeugender Weise gezeigt, daß, wenn es im Christentum eine »göttliche« Wahrheit gibt, diese eben in der Enthüllung der gewalttätigen Mechanismen liegt, aus denen das Heilige der natürlichen Religiosität, das heißt das für den metaphysischen Gott charakteristische Heilige, hervorgeht. Nun hat aber der ganz andere Gott, dem sich ein so großer Teil der heutigen Philosophie zu öffnen geneigt zu sein scheint, noch allzu viele Merkmale des »gewalttätigen« Gottes der Naturreligionen: seine als Unzugänglichkeit für die Vernunft, als Paradoxalität und Geheimnis verstandene Transzendenz ist dieselbe wie die des launenhaften Gottes, den die dummen und grausamen Riesen der *ingens sylva* Vicos als Ursache der Blitze und der anderen Naturkatastrophen, denen sie ständig ausgesetzt waren, anbeteten und fürchteten. Der Gott des Zeitalters des Geistes, an den Joachim denkt, wird sich nicht mehr allein im Spiegel und im Rätsel dieser Erfahrungen manifestieren; gewiß hat Christus, indem er Fleisch wurde, auch allen möglichen natürlichen Chiffren des Göttlichen Legitimität verliehen. Doch sie gelten eben deshalb immer noch für uns, weil sie die Modi sind, in denen Gott vom Himmel der Transzendenz herabsteigt, in dem die primitive Mentalität ihn ansiedelte, und jenen Übergang vollendet, kraft dessen, wie das Evangelium sagt, die Menschen nicht mehr Sklaven heißen und auch nicht Söhne (nach Joachim), sondern Freunde.

3
Gott, das Ornament

Was ändert sich oder sollte sich ändern, wenn die Philosophie ihre Herkunft aus der jüdisch-christlichen Tradition wiedergefunden hat und diese neu interpretiert worden ist, nicht mehr in bezug auf eine metaphysische Konzeption des Seins, sondern im Lichte einer Ontologie des Ereignisses? Diese beiden Prämissen, die ich in den beiden vorangegangenen Vorlesungen zu bestimmen oder zumindest anzudeuten versucht habe, sind diejenigen, auf die sich das Bild einer postmodernen Religiosität gründen läßt. Ich verzichte nicht darauf, hier diesen Terminus »postmodern« zu gebrauchen, denn ich bin, darin der Lehre Joachims getreu, davon überzeugt, daß sich die von der Bibel verkündete Heilsgeschichte in den Ereignissen der Weltgeschichte verwirklicht, die also nicht nur den Sinn einer Prüfung haben, der sich der Mensch unterwerfen muß, um sich das ewige Leben zu erwerben, oder den eines Verbannungszustandes, dem man so schnell wie möglich entfliehen muß. Die Heilsgeschichte ereignet sich also für uns auf dem Wege über die Geschehnisse der Moderne und schließlich über die ihrer Krise, weil die Theorien der Postmoderne von einem Ende der Moderne sprechen und von einem Ende der Auffassung von Geschichte als linearem Fortschritt. Das aber scheint die Idee einer postmodernen Religiosität, die sich auf Joachim von Fiore und auf seinen theologischen »Progressismus« beruft, zu einem Paradox zu machen.

Für eine derartige Geschichtsauffassung hat das zeitgenössische Denken anscheinend keinen Platz mehr. Karl Löwith, der die moderne Geschichtsphilosophie (bis zu Comte, Hegel und Marx) als eine säkularisierende Interpretation der jüdisch-christlichen Idee des Heils beschrieb,[1] hat auch bei Nietzsche und bei seiner Verkündung der ewigen Wiederkehr den Augenblick der endgültigen Krise dieser Interpretation aufgezeigt. Eine solche Krise ist bei Löwith eher durch Gründe existentialistischen Typs motiviert – durch diejenigen, die seit der Mitte des 19. Jahrhunderts bereits Kierkegaard gegen Hegel geltend gemacht hatte – sowie durch die Explosion der tiefen Widersprüchlichkeit des Historizismus in den Termini, die Nietzsche in seiner Schrift *Vom Nutzen und Nachteil der Historie für das Leben* veranschaulicht hat. Wir können aber auch hinzufügen, daß die allgemeine Ablehnung des Historizismus und des Fortschrittsgedankens im zeitgenössischen Denken mit Motivationen Popperschen Typs zu tun hat, das heißt mit dem Argwohn, daß der Glaube an die Geschichte als Fortschreiten zu einem Zustand der Vollkommenheit unweigerlich totalitäre politische Konsequenzen nach sich zieht. Dieser Verdacht klingt in den im allgemeinen negativen Konnotationen an, die dem Terminus Millenarismus beigelegt werden, der sich, vielleicht zu Unrecht, auch mit dem Namen Joachims von Fiore verbindet. Wenn sich das Heil, das Paradies, die endgültige Vollkommenheit als Ergebnis eines historischen Prozesses vorstellen lassen, der sich in der Welt verwirklichen läßt, dann ist es nahezu unvermeidlich, daß eine Politik, die diesen Überzeugungen folgt, danach strebt, mit allen Mitteln eine vollkommene Ordnung zu errichten, was zu illiberalen Regimes führt. Hitler und der Kommunismus lassen sich dann in die geistige Nachkommenschaft Joachims von Fiore einreihen, wie es de Lubac in seinem bereits erwähnten Werk tut.[2] Der Gedanke des Göttlichen als des ganz Anderen, der den größten Teil der religiösen Philosophien in der ersten Hälfte des 20. Jahrhunderts inspiriert, ist auch und vor allem in dem Moment der Enttäuschung durch die revolutionären Millenarismen, die unsere neuere Geschichte in Blut getaucht haben, so populär geworden. Die Theorien der Postmoderne sind auch aus dieser Enttäuschung erwachsen: Die katastrophalen Konsequenzen der millenaristischen Revolutionen haben die »Metaerzählungen« (so der Terminus Lyotards), von denen sie sich inspirieren ließen, Lügen gestraft und unannehmbar gemacht. Die Metaerzählungen, welche die Moderne gestützt haben, sind nicht nur infolge dieser Katastrophen am Ende; sie sind auch deshalb unpraktikabel geworden, weil der eurozentrische Imperialismus am Ende ist (in der politischen Praxis) und weil, aus theoretischen Gründen, die Hegemonie der historizistischen Systeme (Positivismus, Idealismus, Marxismus etc.) am Ende ist, von denen sich, und sei es auch oft von ferne, die revolutionären Millenarismen inspirieren ließen. Es könnte also so aussehen, als sei auch die Metaerzählung Joachims unzulässig geworden. Infolgedessen wäre der einzige Weg, um am Ende der Moderne und des Historizismus, der sie charakterisiert hat, die Religion wiederzufinden, eben derjenige – beschritten von Karl Barth, von Emmanuel Lévinas –, der sich dem Göttlichen als dem »ganz Anderen« zuwendet.

Ich habe bereits gesagt, daß mir dieser Weg aus philosophischen Gründen unpraktikabel erscheint, insofern er eine Neuauflage der Metaphysik des Seins impliziert, das als unveränderliche, ewige, ein für allemal gegebene, dem rationalen Diskurs unzugängliche und eben deshalb noch starrer »objektive« Struktur aufgefaßt wird. Nur in diesen metaphysischen Termini kann man nämlich den ganz anderen Gott denken, der sich dem Denken in seiner absoluten Transzendenz aufdrängt. Vom Standpunkt unseres jüdisch-christlichen religiösen Erbes scheint mir außerdem, daß die Theologien des ganz Anderen den Glauben an das Dogma der Fleischwerdung nicht genügend ernst nehmen, auch wenn sie sich als christlich bekennen. Doch auf der Grundlage dieses Glaubens errichtet Joachim von Fiore seine Geschichtstheologie.

Wenn man, wie ich an anderer Stelle zu argumentieren versucht habe, das Ende der Moderne in Termini interpretiert, welche die Wiederholung der objektivistischen Metaphysik vermeiden, wird es möglich, der Lehre Joachims von Fiore ein Bild postmoderner Religiosität einzuhauchen.

Dem postmodernen Denken bietet sich das Sein als Botschaft dar, die von einer Tradition herrührt, deren Erbe es ist, von einer »Schickung«, wie Heidegger sagt; und ich beabsichtige zu zeigen, daß es gute Gründe für die Annahme gibt, daß diese Schickung zur Heilsgeschichte gehört, wie Joachim von Fiore sie denkt, und die Züge des Anfangs des von ihm so genannten Zeitalters des Geistes trägt.

Weshalb aber »Zeitalter des Geistes«? Joachim gelangte zu diesem Begriff vor allem aus der Notwendigkeit, eine Reform der Kirche seiner Zeit herbeizuführen, von der er wollte, daß sie weniger in die irdischen Streitigkeiten verwickelt sei, und die, um die Erfüllung des Heils vorzubereiten, mit der Bekehrung aller Völker, vor allem der Juden, zum Christentum schließlich »eine einzige Herde unter einem einzigen Hirten« hätte darstellen sollen. Die Reform der Kirche schien ihm von einer neuen »geistigen« Interpretation der Schrift abzuhängen; geistig vor allem deshalb, weil stärker auf die innere Bekehrung und auf die Kontemplation hin orientiert und weniger den Kämpfen um die Macht ergeben. Joachim ging also von einer neuen Lektüre der Bibel aus, im Lichte von Erfordernissen einer moralisch-religiösen Erneuerung, die er in der Kirche seiner Zeit wahrnahm. Wir unsererseits haben die Lehre Joachims wiedergefunden, ausgehend von der Erwägung des Endes der Metaphysik, und das heißt von der Tatsache, daß sich das Sein heute als Ereignis und als Geschick der Schwächung ankündigt. Das Ende der Metaphysik ist nicht von der Philosophie in autonomer Weise »entdeckt« worden; zumindest ist, wenn die Bemerkungen Bestand haben, die wir in den beiden vorangegangenen Vorlesungen gemacht haben, die Tatsache selbst, daß die Philosophie (oder ein nicht nur marginaler Teil von ihr) dahin gelangt, das Sein als Ereignis und als Geschick der Schwächung zu denken, ein Zeichen dafür, daß in der Philosophie das Erbe der jüdisch-christlichen Botschaft noch lebendig ist. Um es ganz summarisch zu sagen, das, was in der Philosophie mit dem Ende der Metaphysik geschieht, ist Teil der Heilsgeschichte, wie Joachim sie denkt: Es ist ein Moment des »dritten Zeitalters«. Ich habe schon mehrfach gesagt, daß ich nicht die Absicht habe, Joachim von Fiore in seinem noch sehr buchstäblichen und wenig »geistigen« Bemühen zu folgen, künftige Ereignisse auf der Grundlage komplizierter symbologischer Lesungen der Schrifttexte vorherzusehen. Was mir von seiner Lehre gültig erscheint, gerade vom Standpunkt der Philosophie aus, die sich jenseits der Metaphysik stellt, ist die Idee einer Heilsgeschichte, die sich heute als Spiritualisierung des Christentums ereignet. Es geht also darum, einerseits die Verbindung zwischen Spiritualisierung und Schwächung zu klären und andererseits zu zeigen, daß unsere gegenwärtige Kultur erkennbare Anzeichen einer Verwandlung aufweist, die sich in eben diesen Termini interpretieren läßt.

Diese beiden Übergänge lassen sich gleichwohl nicht in

einer starren Abfolge verwirklichen. Um zu verstehen, daß die Schwächung des Seins, von der das postmetaphysische Denken spricht, ein Phänomen der »Spiritualisierung« des Schriftsinns ist, habe ich mich bereits auf die Säkularisierung berufen, welche die moderne Welt charakterisiert. Wenn wir erneut von einem der Grundtexte für die Beschreibung der Moderne als Säkularisierung ausgehen, nämlich von Max Webers Schrift *Die protestantische Ethik und der Geist des Kapitalismus*, dann können wir sehen, daß darin die Beziehung des Kapitalismus zur christlichen Ethik eine Beziehung der interpretierenden Anwendung, nicht der Preisgabe und polemischen Opposition ist. Der moderne Kapitalismus erklärt sich für Weber allein als Konsequenz der Verwirklichung dieser ethischen Prinzipien. Der Sinn, in dem ich den Begriff Säkularisierung gebrauche, ist eben dieser: eine interpretierende Anwendung der biblischen Botschaft, die diese auf eine nicht strikt sakramentale, sakrale, kirchliche Ebene verschiebt. Wer behauptet, diese Ebenenverschiebung sei ein Verrat an der Botschaft, verteidigt offensichtlich eine buchstäbliche Interpretation der christlichen Lehre, der man legitimerweise die Idee der Säkularisierung als »geistige« Interpretation entgegenstellen kann. Das »Webersche« Modell läßt sich auf die gesamte Beziehung der Moderne zum biblischen Text ausweiten, der übrigens viele Jahrhunderte lang auch explizit der höchste Bezugspunkt jeder abendländischen Weltdeutung war, von der Politik bis hin zum Familienleben und sogar zur Naturwissenschaft (man denke an den Streit über den Heliozentrismus oder an das Problem der Evolutionslehre). Diese zentrale Stellung der Bibel hat sich dann mit den großen Emanzipationskämpfen der modernen Vernunft abgeschwächt. Gleichwohl erscheint der Gegensatz zwischen »aufgeklärter« moderner Vernunft und religiösem Glauben heute als eine Sache der Vergangenheit: Das Bewußtsein der »Dialektik der Aufklärung« hat die Ansprüche derjenigen, die den religiösen Glaubensvorstellungen eine rein rationale Erklärung der Welt entgegenstellen möchten, stark eingeschränkt. Und andererseits hat die Begegnung des Christentums mit den anderen Religionen, die vom Stigma der Barbarei und Primitivität, das ihnen die kolonialistischen Missionare ohne jedes Zögern beilegten, befreit sind, auch die Ansprüche der christlichen Kirchen (vor allem der katholischen) verringert, als Hüterinnen der einzig wahren Religion zu gelten. In dieser Atmosphäre, die mir in unserer Gesellschaft unbestreitbar vorherrschend zu sein scheint, sind die »profane« Geschichte und die »heilige« Geschichte anscheinend nicht mehr voneinander zu trennen. Die Moderne erscheint – nicht nur wegen der Ableitung des Kapitalismus von der protestantischen Ethik (und davor wegen der durch den biblischen Monotheismus ermöglichten wissenschaftlichen Weltanschauung), sondern auch wegen aller anderen für sie konstitutiven Aspekte – als eine »Episode« der Heilsgeschichte. So wäre es schwierig, die Entwicklung der modernen politischen Formen in demokratischem Sinne ohne die christliche Auffassung von der Brüderschaft aller Menschen als Kinder eines einzigen Gottes zu denken. Die Ablehnung des Krieges – zumindest im Prinzip – durch die Charta der Vereinten Nationen ist gewiß auch ein Ergebnis der tiefen Wirkung christlicher oder, in weiterem Sinne, religiöser Ideen. Sogar der Gedanke einer Unterscheidung zwischen öffentlicher und privater Sphäre der Existenz hat mit der Reflexion über die religiöse Erfahrung und über die Beziehungen zwischen Religion und Weltleben zu tun.

Die Schwierigkeiten, die sich der Anerkennung dieser Nachbarschaft oder sogar Identität von profaner Geschichte und heiliger Geschichte entgegenstellen, lassen sich ziemlich leicht auf die anhaltende Vorherrschaft einer »buchstäblichen« Interpretation der Heiligen Schrift zurückführen. Gegen die hier vorgelegte Hypothese würde der laizistische Geist sogleich einwenden, daß tatsächlich die christlichen Kirchen und wiederum vor allem die katholische Kirche eben denjenigen Erscheinungsformen der Moderne, die ich gerade genannt habe, von der heliozentrischen Hypothese bis zu den demokratischen und republikanischen Verfassungen, entgegengetreten sind. Doch wie das nur allzu bekannte Beispiel der Verdammung Galileis zeigt, haben sich diese Haltungen der Kirche von einer buchstäblichen und eben deshalb autoritären Interpretation des biblischen Textes inspirieren lassen. Die Kirche ihrerseits beruft sich, wenn sie auch heute noch so viele Erscheinungen der Säkularisierung im individuellen und sozialen Leben als Preisgabe und Verrat verdammt, immer noch auf eine buchstäbliche Interpretation der Schrift. In gewissen Fällen tut sie das auf eine so offensichtliche Weise, daß es absurd wird: Man denke nur an den Fall der Verweigerung der Priesterweihen an die Frauen, eine Verweigerung, die einzig und allein darauf beruht, daß Jesus nur Männer zu seinen Aposteln wählte. In diesem Beispiel, das heute aus zahlreichen guten Gründen auch in vielen katholischen Kreisen im Mittelpunkt der Debatte steht, sieht man darüber hinaus, daß der »Literalismus« im Grunde nur eine Bindung an eine historisch determinierte und zu Unrecht als »Natur« aufgefaßte Kultur ist: Das, was Jesus dazu veranlaßte, nur Männer zu Aposteln zu wählen, und das, was auch heute noch die Ablehnung des weiblichen Priesteramts in der katholischen Kirche motiviert, ist der soziale Minderwertigkeitsstatus der Frau, der zu Jesu Zeiten allgemein und »selbstverständlich« war, der aber heute ein reines Überbleibsel der Vergangenheit darstellt, das jedoch als ewige Norm der Natur aufgefaßt wird.

Der erste Sinn, in dem man meiner Hypothese zufolge unsere Epoche als ein Zeitalter der geistigen Interpretation der biblischen Botschaft deuten muß, ist also der, daß darin die aktive Gegenwart des christlichen Erbes nur unter der Bedingung zu erkennen ist, daß man die buchstäbliche und autoritäre Interpretation der Bibel aufgibt. Ich beharre auf diesem Beispiel, weil es mir absolut symptomatisch erscheint. Ich glaube nicht, daß es Zweifel daran gibt, daß der Wunsch der Frauen, das Priesteramt anzutreten, christlicher ist als die Entscheidung, darauf zu verzichten, und daß er im allgemeinen als eine positive Erscheinung der Ausweitung der priesterlichen Berufungen interpretiert werden muß. Doch die katholische Kirche sieht ihn nicht so, weil es ihr nicht gelingt, sich von der historischen Buchstäblichkeit der Wahl der ersten Apostel zu befreien. Analog dazu kann man, wenn man den Literalismus bei der Lektüre der Heiligen Schrift endgültig aufgibt, zahlreiche Aspekte der modernen Welt und unserer heutigen Zeit als echte Heilsgeschichte erkennen, die einer streng »orthodoxen« Mentalität als reine Phänomene der Preisgabe der Religion und der Abkehr von ihr erscheinen. Sogar das Aufkommen diverser marginaler Religionen und heterodoxer oder synkretistischer Sekten, die sich heute in verschiedenen Teilen auch der fortgeschrittenen westlichen Welt ausbreiten, läßt sich von diesem Standpunkt aus betrachten. Die offiziellen Kirchen neigen im allgemeinen dazu, diese religiösen Phänomene als Verirrungen oder sogar als Schwindel zu verdammen, doch es ist vielleicht angebracht, sie mit mehr Toleranz und Offenheit zu betrachten. Alles in allem verändern sowohl viele Erscheinungen von »Irreligiosität« in der laizistischen Gesellschaft als auch viele Erscheinungen von falscher und marginaler Religiosität ihr Aussehen und ihren Wert, wenn man sie außerhalb des starren Rahmens der buchstäblichen und autoritären Interpretation der Bibel betrachtet.

Natürlich wird man sich fragen, bis zu welchem Punkt das Akzeptieren der Säkularisierung gehen soll. Wird es keine Unterscheidung mehr zwischen legitimen Interpretationen und irrigen Interpretationen der christlichen Botschaft geben? Das Kriterium, das die christliche Tradition, angefangen mit dem hl. Augustinus, uns liefert, lautet *ama et fac quod vis*. Die einzige Grenze für die Spiritualisierung der biblischen Botschaft ist die Liebe (*caritas*), eben jene Liebe, die auch für Joachim von Fiore die dritte Epoche der Heilsgeschichte charakterisieren sollte. Das ist keineswegs ein pauschales und vages Kriterium. Noch einmal, man denke an so viele Moralpredigten der heutigen katholischen Kirche: Zum Beispiel streitet eine auf die Bedeutung der Liebe konzentrierte, nicht allein an die traditionellen Strukturen der Familie geknüpfte und nicht vom Prinzip der Reproduktion beherrschte Sexualethik gewiß nicht gegen das Gebot der Liebe, und doch setzt ihr die kirchliche Lehre auch weiterhin eine Disziplin entgegen, die sich auf den Buchstaben gewisser biblischer Texte (beispielsweise über die Zerstörung Sodoms und Gomorrhas) und auf eine Metaphysik der »Natur« stützt, die in der Philosophie nicht mehr gängig ist, weil sie mehr oder weniger der Aristotelischen Lehre von den »natürlichen Orten« entspricht.

Eine geistigere Lesart des biblischen Textes und der christlichen Dogmen im allgemeinen scheint übrigens heute nicht allein deshalb gefordert zu sein, um das zutiefst religiöse Wesen zahlreicher Aspekte der säkularisierten Gesellschaft zu erkennen, sondern auch, um den ökumenischen Dialog der christlichen Kirchen untereinander und das Gespräch zwischen ihnen und den anderen Religionen möglich zu machen. Die Anerkennung gleicher Rechte für die anderen Kulturen, die auf der politischen Ebene mit dem Ende des Kolonialismus stattgefunden hat und sich auf der theoretischen Ebene mit der Auflösung der eurozentrischen »Metaerzählungen« vollzogen hat, erfordert für die christlichen Konfessionen die Aufgabe der »missionarischen« Haltungen, das heißt des Anspruchs, der heidnischen Welt die alleinige Wahrheit zu bringen. Die Anerkennung der Wahrheit der anderen Religionen, die sich bei so vielen christlichen Theologen zu verbreiten beginnt (ich denke an »unbequeme« Persönlichkeiten wie beispielsweise Hans Küng), erfordert eine verstärkte Anstrengung, um die geistige Lektüre der Bibel und auch zahlreicher Dogmen der kirchlichen Tradition so zu gestalten, daß der Kern der Offenbarung herausgearbeitet wird, welcher die Liebe (*caritas*) ist, was natürlich um den Preis geschieht, daß man die Ansprüche der Texte auf buchstäbliche Gültigkeit und den kategorischen Charakter der dogmatischen Lehre der Kirchen schwächt.

Doch wir sind hier nicht nur an der neuen Lektüre der heiligen Geschichte, und das heißt am Schicksal des Christentums und der christlichen Kirchen, interessiert. Von dem Standpunkt aus, den wir nun einnehmen, unterscheiden sich schon jetzt heilige Geschichte und profane Geschichte zumindest im Prinzip nicht mehr, und das ist der erste Sinn der Verwandtschaft, die zwischen postmetaphysischer Philosophie und religiöser Tradition des Abendlandes anerkannt worden ist. Die Spiritualisierung, von der wir hier sprechen, dabei frei einen Terminus aus der Theologie Joachims verwendend, ist nicht allein diejenige, welche die Art und Weise betrifft, die biblischen Texte zu lesen, sondern vor allem diejenige, die sich in allen Aspekten des Lebens als postmoderne Konsequenz der Modernisierung einstellt. So wie die Spiritualisierung des Sinns der biblischen Texte in den Kirchen vom Problem der Begegnung mit den anderen Religionen durchgesetzt wird, läßt sich anscheinend ganz allgemein sagen, daß die Wirkung des kulturellen und politischen und sozialen usw. Pluralismus, der die postmoderne Welt kennzeichnet, eine Art »Spiritualisierung« des Sinns der Wirklichkeit selbst ist.

Paul Ricœur hat einem seiner Werke, das berühmt geworden ist, den Titel *Der Konflikt der Interpretationen* gegeben. Dieser Titel läßt sich, weit über die Intentionen Ricœurs hinaus, verwenden, um auf das eigentliche Wesen der spätmodernen Welt zu verweisen. Übrigens kann man die hermeneutische Philosophie, auf die sich auch Ricœur in dieser Schrift beruft, in ihrer radikalsten Fassung mit den Worten Nietzsches zusammenfassen: »Es gibt keine Tatsachen, nur Interpretationen.« Bewußt, wie wir uns sind – zumindest ausgehend von Nietzsche und Heidegger –, daß jede unserer Beziehungen zur Welt durch kulturelle Schemata, durch historische Paradigmen, die das eigentliche Apriori jedes Bewußtseins darstellen, »vermittelt« ist (die postanalytischen Epistemologen würden sagen *theory-laden*), können wir uns nicht mehr in dem Glauben wiegen (oder, schlimmer, in dem Glauben wiegen lassen), daß das, was wir uns sagen und was uns gesagt wird, »objektive« Beschreibungen einer »da draußen« gegebenen Realität sind. Die Idee eines Geschicks der Schwächung, das der Geschichte des Seins in gewisser Weise eingeschrieben ist, meint eben diese Situation zu interpretieren: Eine Wirklichkeit, die als Spiel von Interpretationen aufgefaßt wird und nicht (mehr) als stabile Gegenwart von in sich selbst definierten Dingen, hinsichtlich derer der Geist nur die Aufgabe hat, sie objektiv widerzuspiegeln, ist in vieler Hinsicht eine geschwächte Wirklichkeit. Wenn außerdem, wie es in vielen philosophischen Positionen der heutigen Zeit geschieht, Wahrheit nicht mehr als Anpassung des Intellekts an das Ding (getreue Beschreibung tatsächlicher Verhältnisse), sondern als Plausibilität und Überzeugungskraft innerhalb eines Prämissensystems (oder der Gemeinschaft der kompetenten Interpreten) gedacht wird, dann stehen wir auch hier vor einem Phänomen der Schwächung, und man kann sogar die zentrale Stellung, die der Konsens der Interpreten bei der Definition der Wahrheit annimmt, als einen Vorgang auffassen, bei dem die Liebe (*caritas*) an den Platz des traditionellen Wertes des Wahren aufrückt.

In dieser Art und Weise, die Postmoderne aufzufassen, nimmt die Spiritualisierung die Bedeutung jener Schwächung der starken Strukturen des Seins an, die das Resultat des Triumphs der Technik in unserer Welt zu sein scheint. Die Technik war zuerst motorische Technologie und also Entwicklung der mechanischen Kapazität, welche die Wirklichkeit insofern erleichtert hat, als sie die Beschwerlichkeit der Handarbeit verringerte; heute ist sie vor allem Informationstechnologie, welche die Wirklichkeit schwächt, indem sie sie immer expliziter als Spiel von Interpretationen zeigt. Es würde lange dauern, wollte man zu zeigen versuchen, daß auch die Spiritualisierung im ersteren, eigentlich theologischen Sinne, und das heißt diejenige, die sich in der »geistigen« Lektüre der Bibel und der christlichen Dogmen verwirklicht, an diesen Prozeß der Schwächung des Wirklichkeitsempfindens gebunden ist, aber ich glaube, daß sich der Zusammenhang zumindest erahnen läßt, wenn man daran denkt, daß das Problem des Ökumenismus, und das heißt der Beziehung zu den anderen Religionen und also einer weniger buchstäblichen Lektüre der heiligen Texte, sich den christlichen Kirchen eben in der Welt der Kommunikationstechnologie, und das heißt in der Welt des Konflikts der Interpretationen, in radikaler Form aufdrängt.

Wenn sich das christliche Denken mit der Aufgabe konfrontiert sieht, das Gewicht des Buchstabens der Bibel und der Dogmen zu verringern, um die Wahrheit auch der anderen Religionen zu begreifen, entdeckt es wahrhaftig, daß das, was allein zählt, die Liebe (*caritas*) ist; nur die Liebe stellt nämlich die Grenze und das Kriterium der geistigen Interpretation der Schrift dar. Analog dazu wird sich das philosophische Denken, wenn es zur Kenntnis nimmt, daß sich die Geschichte des Seins in der Epoche des Endes der Metaphysik als Geschick der Schwächung enthüllt (mit der Wirklichkeit, die sich auf Konflikt, oder Spiel, von Interpretationen »reduziert«), darüber klar, daß dieses Geschick auch der einzige Leitfaden ist, auf den es sich beziehen kann, wenn es die Plausibilität der Interpretationen bewertet, und vor allem, wenn es über die moralischen Optionen entscheidet. Weder gibt es die letzte und unerschütterte metaphysische Grundlage – der wir nach Nietzsche, Freud, Marx und Heidegger keinen Glauben mehr schenken können – noch die Stimme der Kantischen Vernunft, die in allen Menschen auf gleiche Weise spricht: Die Kulturanthropologie hat uns auf die unabänderliche Pluralität der Kulturen aufmerksam gemacht. Um die Welt zu interpretieren und die ethischen Alternativen zu bewerten, können wir uns allein auf den Appell beziehen, der uns von der Geschichte her zukommt, in die wir immer schon mit verwickelt sind: Das ist ein Appell, der nicht mit Eindeutigkeit und Gewißheit spricht und der uns als Interpreten verpflichtet. Die Entscheidung, unsere Herkunft als Bestimmung zur Schwächung zu interpretieren, ist gewiß schon eine Art und Weise, das jüdisch-christliche Erbe, das wir in uns tragen, explizit anzunehmen. Auch das Annehmen dieses Erbes ist Interpretation: na und? Wir sind geneigt, sie aufzugeben, wenn uns jemand eine bessere vorschlägt, aber wir werden darauf nicht auf Grund des »realistischen« Arguments verzichten, daß das »nur« eine Interpretation ist.

Ich lege hier nicht im Detail die ethischen Konsequenzen der Deutung der Geschichte des Seins als Schwächung dar. Sie beschränken sich nicht darauf, eine Entscheidung für die Toleranz zu begründen, sondern fördern eine aktive Verpflichtung zur Verringerung von Gewalt in allen Formen, was sich schließlich als Synonym für das erweist, was die religiöse Sprache *caritas* nennt; wodurch noch einmal nicht nur eine Analogie, sondern eine regelrechte Verwandtschaft, als Herkunft, zwischen der postmetaphysischen Philosophie und dem christlichen Erbe bezeugt wird.

Die Anerkennung dieser Verwandtschaft stößt jedoch, zuletzt, eben an die letzten Fragen, das heißt an das Problem der Eschatologie. Die Geschichte des Heils, von der wir unter Berufung auf Joachim so viel gesprochen haben, ist eben Geschichte *des Heils*. An diesem Punkt muß ich den geheimnisvollen Sinn des Titels enthüllen, den ich dieser dritten Vorlesung gegeben habe: Gott, das Ornament. Das ist ein Ausdruck, der mir – vor vielen Jahren – durch die Lektüre von Stellen der Apokalypse (eines Textes, der bekanntlich auch für Joachim zentral war, welcher ihm eines seiner größeren Werke gewidmet hat) nahegelegt wurde. Was mir auf diesen Seiten auffiel, war nämlich die Überfülle von Formen, Lichtern, Farben, so als wäre das Offenbaren (nach der Etymologie des Wortes *apokalýpsis*) des Heils am Ende der Zeiten keine zerstörerische Katastrophe, sondern vielmehr eine Verschiebung der Dinge auf eine phantasmagorische Ebene, eine Art Auflösung des Realen in die »sekundären« Qualitäten, die mit den Sinneswahrnehmungen verknüpft sind. Man darf übrigens nicht vergessen, daß eben der Terminus *pneuma* (»Geist«) ursprünglich Hauch, Wind, Atem bedeutet; etwas seinem Wesen nach Schwankendes, Flüchtiges, woran das Denken die Erinnerung verloren hat, wenn es begonnen hat, es als evidente und unerschütterte Letztlichkeit des Selbstbewußtseins – bis hin zum »absoluten Geist« Hegels – aufzufassen. Ich kann nicht umhin, hier auch an eine andere Idee zu erinnern, die mir immer wieder in den Sinn kommt, wenn ich an das denke, »was Computer nicht können« (das ist bekanntlich der Titel eines berühmten Werkes von Hubert Dreyfus). Ob zu Unrecht oder zu Recht, mir scheint, daß das, was die Computer nicht können, eben folgendes ist: die sekundären Qualitäten oder zumindest die sekundäreren von ihnen wahrnehmen: ein gewisser Duft, eine bestimmte Atmosphäre, die »drohende Miene«, die uns unter bestimmten Umständen mahnt, daß wir auf der Hut sein müssen, auch wenn es überhaupt nichts »Konkretes« gibt, das von einem Rechner oder einem Roboter festzustellen wäre.

Die Schwächung des Seins, auf die hin meiner Hypothese zufolge die Geschichte unserer Zivilisation ausgerichtet ist, läßt sich anscheinend als Heilsgeschichte vorstellen, insofern sie ein Geschehen ist, das die Verschiebung des Realen auf die Ebene der sekundären Qualitäten, des Geistigen, des Ornamentalen – wir könnten vielleicht sogar hinzufügen, des Virtuellen – vorbereitet. Wenn es so wäre, würden wir auch zu dem geistigen, nicht rein buchstäblichen Sinn der *kénōsis* des göttlichen Wortes gelangen, das sich nicht nur erniedrigt, um uns seine Lehre verständlicher zu machen und dann in seine Fülle und Majestät zurückzukehren, um für uns das nur für das Jenseits verheißene ewige Leben vorzubereiten. Ungeachtet all seiner authentischen Treue zur Kirche der damaligen Zeit spricht Joachim nicht viel von einem Übergang, der uns nach der dritten Epoche zum Heil in einer anderen Welt führen sollte. Gewiß, auch wenn er die Unsterblichkeit der Seele nicht leugnet, erscheint ihm das ewige Leben nur in den Termini des Zeitalters des Geistes definierbar zu sein; dieses Zeitalter ist also nicht mehr einfache Vorbereitung auf etwas anderes, die Geschichte der Welt ist nicht nur eine Zeit der Prüfung, die mit der Zerstörung der natürlichen Ordnung und dem Übergang zum »Übernatürlichen« zu Ende gehen muß.

Wenn die Philosophie auch über keine Instrumente verfügt, um die Frage der Unsterblichkeit zu entscheiden, ist zumindest klar, daß sie nach dem Ende der Metaphysik keine Stütze mehr bietet (von der Art wie die, die Thomas von Aquin bei Aristoteles fand), um von der Natur und vom Übernatürlichen zu sprechen. Wie jeder religiöse Mensch kann der Philosoph nur hoffen, daß das Leben mit dem Tode des Körpers nicht zu Ende gehe, und diese Hoffnung ist auch insofern nicht unvernünftig, als es keine »metaphysisch« gewissen Grenzen der Natur mehr gibt (die nach Ansicht mancher das Überleben der Einzelseele ausschlossen). Ob sich jedoch das Heil, von dem die entweder auf Grund der Hinweise Joachims oder im Lichte des Endes der Metaphysik »geistig« interpretierte jüdisch-christliche Offenbarung spricht, diesseits oder jenseits des Todes verwirklicht, es gestaltet sich als Entlastung und als Schwächung der »schweren« Strukturen, in denen sich das Sein in der Vergangenheit der menschlichen Zivilisation »gegeben« hat. Es gibt hier auch eine Neuauflage des idealistischen Traums – den nicht nur Hegel, sondern auch Marx träumte: Die Welt wird nur dann wirklich zum Hause des Menschen (in dem sich der Mensch *bei sich* fühlen kann), wenn sie, in vielfältigen Bedeutungen, Geist wird; Geist auch als *pneuma*, Hauch, unmerklicher Atem, der kaum die Luft rings um uns bewegt. (Ich denke auch an eine schöne Stelle Heideggers über *das Gering.*[3]) Diese Spiritualisierung unterscheidet sich nicht sehr von dem voll entfalteten Selbstbewußtsein des absoluten Geistes bei Hegel und auch nicht von der nicht mehr entfremdeten Menschheit bei Marx. Von diesen beiden Bildern des Heils akzentuiert die Idee der Spiritualisierung, die ich hier zu umreißen suche, den »ästhetischen« Aspekt, nicht so sehr oder nicht allein im Sinne einer erreichten Harmonie (die in dem Gedanken des *fulfillment* bei John Dewey anklingt). »Ästhetisch« ist hier der Begriff, der einen Zustand der Wirklichkeit anzeigen soll, in dem diese die starren Konturen verliert und sich auf eine Ebene begibt, auf der sie sich nicht mehr deutlich von der Phantasie unterscheidet: das, was wir auch als das »Poetische« bezeichnen. Ich erinnere hier daran, daß Heidegger in seinen Kommentaren zwei Versen Hölderlins große Bedeutung beilegt, welche lauten: »Voll Verdienst, doch dichterisch wohnet – der Mensch auf dieser Erde.«

Der Zustand der Zivilisation, den wir erreicht haben – mit der mechanischen und Informationstechnologie, mit der politischen Demokratie und dem gesellschaftlichen Pluralismus, mit der allgemeinen Verfügbarkeit der Güter, die erforderlich sind, um das Überleben zu garantieren –, bietet die *Chance*, das Reich des Geistes, verstanden als Entlastung und »Poetisierung« des Realen, zu verwirklichen. Ich sage, daß er die *Chance* bietet. Ich weiß wohl, daß diese Poetisierung einstweilen völlig imaginär ist. Auch als Joachim vom Beginn des Zeitalters des Geistes sprach, sah er voraus, daß es zu einem harten Kampf kommen würde, um ihn in seiner Welt tatsächlich zu verwirklichen. So erfordert es die Spiritualisierung, die heute zumindest auf der Ebene der technischen Möglichkeiten und der Evolution der Ideen zum Greifen nahe ist, daß sie mit einem Handeln verfolgt wird, das sich als keineswegs leicht darstellt. Der Anschein von Leichtigkeit und moralischer Befreiung, den sie erwecken könnte, ist daran geknüpft, daß das Ideal des Heils oder der Emanzipation, das sie ankündigt, intensive Konnotationen in ästhetischem und poetischem Sinne hat. Doch diese Konnotationen sind die einzigen, welche die sonst leere Figur des »Endes« des menschlichen Geschehens anfüllen können, wie immer man sich dieses Ende vorstellen will: sei es also, daß man es sich entweder als das *télos* der Emanzipation denkt, das dem Leben jedes einzelnen von uns Sinn verleiht – gedacht zwischen den unüberschreitbaren Grenzen der Geburt und des Todes auf Erden –, oder daß man es sich als einen Zustand denkt, der sich nach dem Tode im ewigen Leben verwirklichen wird. Auch in diesem zweiten Falle – so hat es Joachim gelehrt, und so denkt auch die (meine) Philosophie – muß das Heil im Diesseits beginnen, sonst würde die ganze Geschichte seiner Vorbereitung ihren Sinn verlieren, das Spiel wäre einer transzendenten Gottheit anvertraut, unabhängig von unserer Beziehungsfähigkeit – von der man also besser auch nicht sprechen sollte.

Wenn es irgendwo Heil gibt, dann scheint es alles in allem so zu sein, daß dieses mehr die Merkmale der Leichtigkeit als die der Gerechtigkeit trägt. Wird nicht dies auch eine der Bedeutungen des göttlichen Erbarmens und des Themas der Vergebung sein, welches die ganze Bibel durchzieht? Die Wendung des Evangeliums, in der Jesus den Aposteln verspricht, sie würden im ewigen Leben auf zwölf Thronen sitzen und die Stämme Israels richten, darf wahrscheinlich nicht juristisch verstanden werden, sondern wiederum »ästhetisch«: Das heißt, das ewige Leben ist nichts anderes als ein vollkommener Genuß der Bedeutung und der geistigen Formen, welche die Menschheitsgeschichte hervorgebracht hat und welche das »Reich« der Unsterblichkeit darstellen. Sich von nun an diesem Leben zu nähern bedeutet, die Bedingungen für einen immer vollkommeneren ästhetischen Genuß der Bedeutungen zu schaffen; auch die Verwirklichung »richtiger« historischer Normen hat allein dieses Ziel.

Es ist nicht anstößig, dem Namen Joachims von Fiore, auf den wir uns bislang berufen haben, neben denjenigen Nietzsches und Heideggers auch den heute vielleicht etwas zu Unrecht vergessenen Namen Herbert Marcuses zur Seite zu stellen. Wie schon er gedacht hatte, lenkt auch die Idee der Schwächung, die ich – als Leitfaden einer nicht mehr metaphysischen Ontologie, die in der Lage ist, die wahre Verwandtschaft mit der religiösen Tradition des Abendlandes zu erkennen – hier präsentiert habe, die Aufmerksamkeit auf die Tatsache, daß die Menschheit heute über die (technischen, begrifflichen, politischen, materiellen usw.) Möglichkeiten verfügt, um mit der Verwirklichung des Reiches des Sinns zu beginnen. Dieselbe Gleichzeitigkeit, mit der uns die Welt der verallgemeinerten Kommunikation in einer Art gigantischem *musée imaginaire* zumindest im Prinzip »alles« das zur Verfügung stellt, was die menschliche Kultur hervorgebracht hat und hervorbringt, läßt uns in dieser Richtung blicken. Wenn wir den Ruf der ästhetischen Emanzipation, den uns die neue Existenzsituation vorschlägt, nicht hören, so nur deshalb, weil wir noch allzusehr durch den »Buchstaben« gelähmt sind – sowohl durch die Buchstäblichkeit der heiligen Texte (Fetisch der Fundamentalisten aller Art) als auch durch den Buchstaben der Materialität der Welt, der unbefriedigten Bedürfnisse und der Ungerechtigkeiten in der Verteilung der lebensnotwendigen Güter. Doch das Zeitalter des Geistes, auch nur als Möglichkeit kaum geahnt, kündigt sich heute mit einer spezifischen Kraft an, die gerade an das »postmoderne Befinden« geknüpft ist. Diese Botschaft auch nur auf der theoretischen Ebene zu hören ist schon eine Form der Vorbereitung ihrer Verwirklichung.

Zweiter Teil

4
Geschichte des Heils, Geschichte der Interpretation

Das Komma, das die beiden Teile der Überschrift dieses Textes voneinander trennt, ist ganz eindeutig ein »Notbehelf«, eine *faute de mieux*, eine approximative Lösung. Es hätte ein Doppelpunkt sein können, oder auch ein Gedankenstrich; es wäre jedoch nicht möglich, das Komma durch ein *sive*, ein »oder auch«, zu ersetzen. In gewisser Weise – und ich glaube nicht, daß das nur eine Art und Weise ist, mit einer gewissen dekonstruktivistischen Manier zu kokettieren – ist dies das eigentliche Thema der folgenden Ausführungen.

Es ist keine neutrale Verbindung, wie es eine einfache Zusammenstellung hätte sein können, welche die beiden Termini aneinandergerückt und auf einfachere Weise eine Analyse ihrer Beziehungen angekündigt hätte. Bevorzugt man hier das Komma oder den Doppelpunkt oder den Gedankenstrich, dann will man betonen, daß es nicht darum geht, zwei »Themen« einer Prüfung zu unterziehen, die allerdings jedes für sich definiert sind, und die Beziehungen und Differenzen zwischen ihnen herauszuarbeiten. Das Thema ergibt sich eigentlich als Anerkennung der Tatsache, daß es für uns Heutige möglich und in gewissem Sinne sogar notwendig ist, von dem einen Terminus zum anderen überzugehen, und dies im Rahmen einer Beziehung, die sich weder als einfache Identität – *seu, sive*, »oder auch« – noch als Differenz zwischen zwei autonomen Gedankeninhalten, die Nähen und Distanzen aufweisen können, ohne weiteres identifizieren läßt. Was ich mit dem Titel andeuten möchte, ist, daß die Ausgangssituation, in der wir (so problematisch ein solches »wir« auch sein mag) uns befinden, das Vorverständnis, in dem wir uns, kaum daß wir den Gegenstand thematisieren, immer schon angesiedelt finden, eine Beziehung zwischen diesen beiden Termini beinhaltet, die enger und zugleich auch vager und verschwommener ist als diejenige, welche durch eine Beziehung der Identität oder der einfachen Paraphrase angedeutet würde.[1]

Weder möchte ich sagen, daß die Geschichte des Heils die Geschichte der Interpretation ist, noch, daß zwischen den beiden Termini (Begriffen, Dingen) signifikante Beziehungen bestehen, die es mit einer angemessenen Untersuchung zu »analysieren« lohnt. Ich möchte vielmehr – ja, so würde ich es sagen – das Echo einer »Passage« anklingen lassen, das Rauschen eines Übergangs von einem Terminus zum anderen, eines Übergangs, der mir in vieler Hinsicht als etwas erscheint, von dem wir alle, von Anfang an, schon wissen, was er ist, ja, dessen Vorverständnis unsere gemeinsame historische Zugehörigkeit zur Welt (zur Epoche, Geschichte, Kultur) der Religionen des Buches darstellt. Sollten wir das Komma durch ein »ist« ersetzen, dann müßte man sich bemühen, es als ein transitives Verb zu empfinden: die Geschichte des Heils läßt die Geschichte der Interpretation sein; aber zugleich: die Geschichte des Heils spielt sich ab oder ereignet sich als Geschichte der Interpretation.

Wenn ich gleich zu Anfang auf einer scheinbar so marginalen Frage wie der der Zeichensetzung insistiere, dann erscheint mir das gerechtfertigt; der für diese Ausführungen angemessenste Ton ist nämlich nicht derjenige der »wissenschaftlichen« (oder, wie es auf Gebieten wie der Philosophie lediglich sein kann, in den Bereich der Wissenschaft gehörigen) Abhandlung, sondern der einer Betrachtung, welche sich bemüht, eine Beziehung zu erfassen, die sich als unbestreitbar aufzudrängen scheint und die gleichwohl schwer greifbar ist.

Die Interpretation – vor allem die der heiligen Texte – hat in der jüdisch-christlichen Tradition natürlich schon immer mit dem Heil zu tun gehabt. (Man wird bemerken, daß es schon ein bedeutender Unterschied ist, ob man von Interpretation und Heil oder von der Geschichte der einen und des anderen spricht. Ich halte mich hiermit nicht auf, es wird in der Folge vielleicht klarer werden, aber gewiß klingt im Titel und in seinen unmittelbaren Illustrationen auch dieser Unterschied an und hallt wider.) Und dies in unmittelbarstem Sinne – worüber die moderne Hermeneutik in ihren Anfängen, Schleiermacher beispielsweise, ausführlich nachgedacht hat –, der mit dem Predigen und der pastoralen Erklärung der heiligen Texte an die Gläubigen zu tun hat (*subtilitas intelligendi, subtilitas explicandi*, in den Termini der Hermeneutik der damaligen Zeit). Um erlöst zu werden, muß man das Wort Gottes in der Heiligen Schrift verstehen und es richtig auf unsere Verhältnisse und unsere Lage anwenden (*subtilitas applicandi*). Nicht nur dies: Man muß es auch in einer Weise interpretieren, die nicht im Widerspruch zur Vernunft steht, also unsere Fähigkeiten gebrauchen, um das Wort Gottes gründlich zu respektieren und zu vermeiden, ihm irrige Bedeutungen beizulegen (auch Spinoza ist im Grunde vor allem von dieser wesentlich frommen Absicht getrieben, aber von hier stammt dann auch die aufklärerische Kritik).

Noch in einem zweiten Sinne sind jedoch in der christlichen Tradition Heil und Interpretation miteinander verbunden: Das ist derjenige, der Jesus mit den Propheten verbindet und dem man im Neuen Testament in Ausdrücken wie »Ihr habt gehört, daß [...] gesagt ist. Ich aber sage euch [...]« begegnet. Hier ist die Interpretation nicht mehr allein ein Mittel (des Gläubigen), um zu verstehen, was Gott offenbart und was er von ihm will. Das Heilsgeschehen (die Ankunft Jesu) ist selbst im Innersten ein hermeneutisches Faktum. Doch es ist, so kann man sagen, hermeneutisch nur bis zu einem gewissen Punkt: Wahr ist, daß Jesus die lebendige Interpretation des Sinnes des Gesetzes und der Propheten ist (hier eine andere Bedeutung des *logos*, welcher Fleisch wird: es inkarniert sich der *logos*, der Sinn, des Alten Testaments ...), aber in gewisser Weise ist er auch ihre Erfüllung, und es scheint daher, als stelle er sich eher als ihre endgültige Entzifferung dar – so als gäbe es danach keinen Raum und keine Notwendigkeit mehr zu interpretieren. Doch wenngleich das Heil mit der Fleischwerdung Jesu, seiner Passion, seinem Tod und seiner Auferstehung im wesentlichen »erfüllt« ist, wartet es noch auf eine weitere Erfüllung (man brauchte hier nur an alle Geschehnisse der sogenannten nachfolgenden Eschatologie zu denken), und der Paraklet, der Geist der Wahrheit, der sich auf die Gläubigen zu Pfingsten ergossen hat, hat eben die Aufgabe, ihnen bei diesem weiteren hermeneutischen Unternehmen beizustehen. Nicht zu vergessen: der Geist (welcher auch derjenige ist, der den Text lebendig macht, der wahre Sinn des »Buchstabens«), das heißt die in vorzüglichstem Sinne »hermeneutische« Person der Dreieinigkeit – sie selbst hermeneutische Struktur par excellence, in ihr ist nämlich der Sohn der *logos* des Vaters, und der Geist ist die Beziehung zwischen ihnen, ihr hypostasiertes Liebesverständnis –, ist auch derjenige, mit dessen Hilfe der Sohn im Schoße Marias Mensch wird.

Gehen wir mit katechetischer Präzision diese elementaren Inhalte der christlichen Lehre durch, dann wird die Beziehung zwischen Interpretation und Heil komplexer, und vor allem führt sie unabweisbar das Element »Geschichte« in den Rahmen ein: Es wird immer schwieriger, dem Genitiv in »Geschichte der Interpretation« den rein subjektiven Sinn zuzuschreiben – für den die Interpretation eine Geschichte hat, aber im Grunde etwas ist, das sich in der unmittelbaren Beziehung zwischen Leser und heiligem Text entfaltet, wobei dieser letztere ein für allemal mit seinem Sinn gegeben ist, den der Gläubige entdecken und anwenden muß.

Wenn sich auch nach der Auferstehung Jesu (ja, in ihrer Folge, als ihre Weiterführung und »Bewahrheitung«) die Interpretation fortsetzt, dann bedeutet das, daß die Interpretation und auch das Heil eine Geschichte haben, die nicht nur zufälliges Geschehen ist, das sich über oder neben ihrem fest gegebenen Kern abspielt, sondern sie im Innersten affiziert, in dem Sinne, den wir hervorheben können, indem wir die »objektive« Bedeutung des Genitivs in den beiden Ausdrücken hervorheben: Das Heil bildet sich, ereignet sich, konstituiert sich in seiner Geschichte, und gleiches gilt, mit einem Ablauf von Zusammenhängen, die sich schwer in einem Schema festhalten lassen, für die Geschichte der Interpretation. Wahr ist, daß die Verkündung des Heils ein für allemal gegeben ist – bei den Propheten, bei Jesus –, aber wahr ist auch, daß ihr Sich-Ereignen der Interpretationen bedarf, die es empfangen, aktualisieren, bereichern. Die Geschichte des Heils, die sich im Zeitalter des Geistes, nach der Herabkunft des Parakleten zu Pfingsten, fortsetzt, ist nicht einfach durch die biologische Tatsache veranlaßt, daß es neue Generationen gibt, die evangelisiert werden müssen; sie ist Geschichte, wie es diejenige war, die im Alten Testament bis zur Ankunft des Messias erzählt worden war, sie hat einen Sinn und eine Richtung, und die Interpretation der Schrift, die sich in ihr abspielt, stellt einen wesentlichen Bestandteil von ihr dar, sie ist nicht nur ein

Wechsel zwischen irrigen und korrekten, buchstäblichen (und daher ebenso wie die Irrungen in sich unwesentlichen) Auffassungen des ein für allemal gegebenen Schriftsinns. Die Geschichte des Heils verläuft als Geschichte der Interpretation in dem starken Sinne, in dem Jesus selbst lebendige, fleischgewordene Interpretation der Schrift gewesen ist.

Ist aber all dieses Geschehen, vorausgesetzt, es sei davon hier eine glaubwürdige, wenn auch summarische Darstellung gegeben worden, letztlich nicht allein eine Angelegenheit der Theologen, der Religionsgeschichtler? Das heißt, die Interpretation, von der im Titel die Rede ist und deren Geschichte diese komplexe und innige Verbindung zur Heilsgeschichte hat, scheint letzten Endes nur die Interpretation der heiligen Schriften zu sein. Wäre es nicht besser, diese Spezifizierung in der Überschrift zu ergänzen, um unangebrachte Verallgemeinerungen oder jedenfalls Verwirrungen und Mißverständnisse zu vermeiden?

Tatsache ist, daß es schwierig wird, die Frage in derart enge und präzise Grenzen einzuschließen. Wir leben in einer »Religion des Buches«, die wir im unaufhaltsamen Säkularisierungsprozeß schließlich hinter uns gelassen haben – oder leben wir nicht umfassender in einer »Kultur des Buches«, die uns auch dann noch tief berührt, wenn wir der Meinung sind, der Meinung wären, wir hätten mit der Religion des Buches nichts mehr zu tun? Und hat nicht diese Kultur oder Zivilisation des Buches Beziehungen – auch sie zugleich vage und intim – zur Religion des Buches, so daß es schwierig wird, unsere »Geschichte der Interpretation« von der Geschichte der Interpretation der Heiligen Schrift abzugrenzen?

Gewiß kann man mit gutem Recht behaupten, die Beziehung der modernen europäischen Zivilisation zur Heiligen Schrift sei nur ein Sonderfall der Zivilisation des Buches, welche umfassendere und weiter zurückliegende Ursprünge hat. In dieser Zivilisation des Buches oder der Schrift als Geschriebenem ist die Interpretation ein allgemeines Phänomen, das nicht auf der Interpretation der Heiligen Schrift beruht und auch nicht von ihr als Modell abhängt. Die Griechen benutzten nämlich als Grundtext ihrer Bildung Hesiod und Homer, und sie faßten ihre Kultur zumindest bis zu einem gewissen Punkt als Interpretation dieser Texte auf.

So hat sich die Bildung des modernen Europa nicht nur um die Interpretation der Heiligen Schrift, sondern auch um die Interpretation des Codex Iustinianus sowie um die ständig wiederholte Lektüre eines Kanons klassischer literarischer Texte gedreht – von Textkorpora, die keine direkten Beziehungen zur Heiligen Schrift aufweisen (wenngleich sich auch das diskutieren ließe). Doch weder im Falle der Interpretation der Gesetzesbücher noch in demjenigen der Interpretation der literarischen und poetischen Klassiker kann die Idee einer Produktivität des Interpretationsaktes ihren Ursprung gehabt haben; auch wenn es offenkundig ist – wie es übrigens Hans-Georg Gadamer in *Wahrheit und Methode* zeigt –, daß der Begriff der Anwendung die juristische Hermeneutik für diese Idee besonders empfänglich macht. Andererseits denke man jedoch an die klassizistische Tradition, die sich durch die gesamte Geschichte der europäischen Kunst und Literatur hindurchzieht und in der man auch eine immer wieder erneuerte Negierung der Produktivität und der Interpretation lesen kann, zugunsten einer möglichst buchstäblichen Treue zu den Vorbildern (einer Treue, die auch dann in dieser starren Weise gedacht bleibt, wenn ihre Unmöglichkeit wie in der Romantik nostalgisch anerkannt wird).

Was ich andeuten möchte, ist, daß die Idee einer Produktivität der Interpretation – das heißt die Idee, daß diese nicht allein ein Bemühen darstellt, den ursprünglichen Sinn des Textes (beispielsweise die Intention des Autors) zu erfassen und ihn möglichst buchstäblich wiederzugeben, sondern dem Text selbst etwas Wesentliches hinzufügt (den Text besser verstehen als der Autor, wie es in einer bekannten Redensart der Hermeneutik des 18. Jahrhunderts heißt) – nur als »Effekt« der jüdisch-christlichen (oder spezifisch christlichen) Auffassung von der Geschichte der Offenbarung und des Heils entstehen kann. Dieser Effekt ist – und hier finden wir wieder einen jener schwindelerregenden Zirkel, die sich öffnen, wenn man von Hermeneutik spricht, bei denen es sich aber nicht um circuli vitiosi handelt – selbst ein Faktum von Interpretation und Heil. Deutlicher gesagt: In dem Maße, in dem sie sich, wie es meines Erachtens der Fall ist, bewahrheitet hat, ist die Tatsache, daß die europäische Kultur der Spätmoderne die Produktivität der Interpretation »entdeckt« hat oder, was dasselbe ist, die Tatsache, daß der Kommentar nicht akzidentiell oder instrumentell oder bloß sekundär ist, ein Effekt der Interpretation, die diese Kultur von der christlichen Botschaft gegeben hat, und sie ist, davon nicht zu trennen, auch ein Effekt, oder geradezu der heilbringende Effekt, des christlichen Ereignisses.

Ist aber ein solches hermeneutisches Ereignis – durch die Interpretation bewirkt und die Art und Weise betreffend, die Interpretation zu sehen – wirklich eingetreten? Auch die Behauptung, ein derartiges Ereignis habe sich abgespielt, läßt sich nicht als die objektive, buchstäbliche Beschreibung eines Faktums darstellen, sondern nur als eine Interpretation der Situation, in die wir uns, wie ich eingangs bemerkte, geworfen finden.

Dieses hermeneutische Ereignis scheint mir mit jenem Phänomen zusammenzufallen, das in der Sprache Heideggers das Ende der Metaphysik in der Welt der Wissenschaft und Technik heißt. Summarisch, aber nicht allzu summarisch will ich erwähnen, daß Heidegger die moderne Wissenschaft und Technik insofern als Ende der Metaphysik bezeichnet, als sich darin endgültig die Idee aufzehrt, daß es das Sein sei, welches sich unbezweifelbar als gegenwärtig gibt. In der experimentellen Wissenschaft und in der (zumindest tendenziell und im Prinzip) allgemeinen technischen Manipulierung der Welt, die sie möglich gemacht hat, wird die gesicherte und unbezweifelbare Gegenwart des Dings explizit zur Wirkung der Darstellung; die Gewißheit des Objekts ist also reiner Effekt der vom Subjekt getroffenen Feststellung. Wenn man aber zu diesem Punkt gelangt und kohärent die in der klassischen Metaphysik bereits enthaltenen Prämissen entwickelt, dann wird es unmöglich, das Sein mit der Gegenwart zu identifizieren.

Obgleich Heidegger über diese Negation, das heißt die Berücksichtigung der Eröffnung einer radikalen Differenz zwischen dem Sein und dem gegenwärtigen Seienden, nicht weit hinausgeht, läßt sich leicht erkennen, wie und warum gerade seine Ontologie auch (in seinem Werk und in dem Werk derjenigen, die sich auf ihn berufen) jener überaus umfangreichen Denkrichtung zugrunde liegt, die sich Hermeneutik nennt und die zu einer Art regelrechter *koinē*, einem »Gemeinplatz«, der zeitgenössischen Kultur geworden ist. Nur wenn man die Gleichsetzung des wahren Seins mit dem, was sich berechnet und unbezweifelbar in der Gegenwart ereignet, leugnet, wird es möglich, der Interpretation eine nicht rein akzidentielle, instrumentale und sekundäre Bedeutung zuzuschreiben.

Haben aber die Ontologie Heideggers und die von ihr abhängige Hermeneutik in irgendeiner Weise mit der Geschichte der christlichen Offenbarung zu tun? Wird es im Grunde allein um die Tatsache gehen, daß sich die hermeneutische Problematik in der europäischen Kultur vor allem und in erster Linie in bezug auf das Problem der Lektüre und Interpretation der Heiligen Schrift entwickelt, wie sich leicht erkennen läßt, auch wenn man nur die Geschichte der Theorien der Interpretation durchgeht? Diese Tatsache verbirgt jedoch nicht eine erheblich umfangreichere. Und die läßt sich folgendermaßen ausdrücken: Eine Ontologie wie die von Heidegger, welche die Identität des Seins mit der Gegenwart »leugnet«, kann sich, wenn sie nicht in Widerspruch zu ihren eigenen Schlußfolgerungen geraten will, ihrerseits nicht als Beschreibung einer »objektiven«, das heißt gegenwärtigen, gegebenen Struktur des Seins darstellen. Sie wird vielmehr zwangsläufig selbst als »Interpretation« gedacht werden müssen, das heißt als Antwort auf eine Botschaft, als »Lektüre« von Texten, als Antwort auf eine »Schickung«, die von der Tradition herkommt. (Termini wie Schickung, Tradition und dergleichen spielen bekanntlich in der Philosophie des sogenannten zweiten Heidegger eine zentrale Rolle.) Nun ist aber, auch wenn man sich etwas vom Buchstaben der Heideggerschen Texte entfernt, die (jedenfalls meines Erachtens) in diesem Punkt recht dunkel, im Grunde wortkarg und nicht schlüssig sind, die Schickung, der die postmetaphysische oder hermeneutische Ontologie korrespondiert, eben die Tradition der christlichen abendländischen Zivilisation.

Formuliert man die These so, dann wird sie allzu starr und allgemein. Man muß sie vor allem als ein Forschungsprogramm auffassen, das bislang (und vor allem bei Heidegger selbst) weitgehend unerfüllt geblieben ist. Doch ausgehend von der radikalen Anerkennung des interpretierenden und nicht deskriptiv-metaphysischen Charakters der hermeneutischen Ontologie – die weder bei Heidegger noch bei seinen ersten und maßgeblichsten hermeneutischen Interpreten wie Gadamer so explizit ausgesprochen ist – wird es möglich und notwendig, den Zusammenhang zwischen dieser Ontologie und der abendländischen Tradition zu klären, das heißt die Tatsache, daß die hermeneutische Ontologie nichts anderes ist als die Theorie der christlichen Moderne.

Die grundlegende Kontinuität der abendländischen Zivilisation zur Botschaft der jüdisch-christlichen Schrift wird selbstverständlich allgemein anerkannt. Es geht aber darum, die Tragweite dieser Anerkennung zu radikalisieren. Vor allem dadurch – und das kann hier nicht mehr als ein bloßer Hinweis sein –, daß man das konstitutive – und *positiv* konstitutive – Gewicht vertieft, welches das Christentum für die Entstehung der modernen westlichen Zivilisation hat – in der Richtung, die Weber mit seinen Studien über die protestantische Ethik und den Kapitalismus eröffnet hat –, dabei aber über diesen spezifischen Aspekt weit hinausgeht. Entscheidend ist, daß man die verschiedenen Säkularisierungsprozesse, die sich in der Moderne abgespielt haben, nicht – wie es etwa bei Hans Blumenberg und auch in einem großen Teil der aufklärerisch inspirierten, aber auch der katholischen Geschichtsschreibung (Del Noce) geschieht – als Prozesse der Ablösung vom religiösen Untergrund, sondern als Prozesse der Interpretation, Anwendung und bereichernden Spezifizierung dieses Untergrundes ansehen muß.

Einer dieser Prozesse einer »positiven« Säkularisierung der christlichen Botschaft ist eben derjenige, den Heidegger als das Zuendegehen der Metaphysik in der modernen Wissenschaft und Technik und das Aufgehen der ontologischen Differenz von Sein und Seiendem bezeichnet, jener Vorgang, der auch zur »Entdeckung« der Produktivität der Interpretation führt. Es ist nicht leicht, aber doch möglich, gerade wenn man durch Weber eröffnete Wege einschlägt, zu zeigen, in welchem Maße die christliche Botschaft dazu beigetragen hat, die Entwicklung der modernen Wissenschaft zu fördern, von der schließlich das Ende der Metaphysik der Gegenwart hergekommen ist. Man kann sich jedoch leicht im Sinne Webers auf die Wichtigkeit des Monotheismus für die Entwicklung einer wissenschaftlichen Weltanschauung berufen, aber auch auf Ideen wie diejenige der Aufgabe, sich die Erde untertan zu machen, die Gott der Bibel zufolge dem Menschen übertragen hat. Leichter ist es hingegen zu zeigen, daß das Ergebnis des Prozesses – die Auflösung der Metaphysik der Gegenwart und die Verwandlung des Objekts in ein Vermögen des Subjekts – insgesamt die Bedeutung hat, den Weg für die Anerkennung des Verkündungs- und Interpretationscharakters frei zu machen, der für jede Wahrheit, auch für die Wahrheit der harten, experimentellen Wissenschaften, konstitutiv ist.

Das immer schärfere Bewußtsein von der Historizität naturwissenschaftlicher Paradigmen versetzt die zeitgenössische Epistemologie in die Lage anzuerkennen, daß auch die Wissenschaft der Natur eine Sache der Geschichte der Interpretation und der Geschichte des Heils ist: Außerhalb eines durch eine Verkündung, durch ein überliefertes Wort eröffneten Horizonts gibt es keine Wahrheit. Dem überlieferten Wort läßt sich die Wahrheit der Objekte, die sich in der Gegenwart ereignen (die klassische Unterscheidung zwischen Naturwissenschaften und Geisteswissenschaften, zwischen Erklären und Verstehen), nicht entgegenstellen, weil auch dieses Sich-Ereignen durch eine Öffnung ermöglicht worden ist, welche Sprache und somit überkommenes und überliefertes Wort, Herkommen ist.

Das bis hierher Umrissene stellt nur die ersten Schritte auf dem Wege eines Hörens des Sinns des Kommas dar, welches die beiden Glieder des Titels dieses Textes miteinander verbindet. Die hermeneutische Ontologie (welche die Produktivität der Interpretation explizit zum Thema macht) und das Ende der Metaphysik der Gegenwart als Ergebnis der modernen Wissenschaft und Technik sind Resultate des Wirkens der christlichen Botschaft in der Geschichte der abendländischen Zivilisation; sie sind säkularisierende Interpretationen dieser Botschaft, aber im positiv-konstruktiven Sinne dieses Terminus. Man müßte hier hinzufügen, daß Säkularisierung kein Begriff ist, der im Gegensatz zum Wesen der Botschaft steht, sondern einen Aspekt von ihr darstellt, der seinerseits konstitutiv ist: Als heilbringendes und hermeneutisches Ereignis ist die Fleischwerdung Jesu (die *kénōsis*, die Erniedrigung Gottes) selbst vor allem ein archetypisches Faktum von Säkularisierung.

Wird aber nicht der Zusammenhang zwischen Geschichte des Heils und Geschichte der Interpretation, wenn man ihn so versteht, Heil und Geschichte als reine Prozesse des Abdriftens hinstellen, bei denen es – wie in der Beziehung der »produktiven« Interpretation zum Text – keine Grenze, kein Gültigkeitskriterium und daher kein Risiko des Scheiterns und schließlich auch keinen Raum für Freiheit und Verantwortung mehr zu geben scheint? Nur zu offenkundig ist nämlich, daß sich, wenn die Metaphysik der Gegenwart liquidiert ist, die »gute«, gültige Interpretation nicht mehr absolut als diejenige wird hinstellen können, die den Text »getreu« (buchstäblich, objektiv und dergleichen) wiedergibt.

Was »produziert« die produktive Interpretation? Sie produziert Sein als neue Bedeutungen der Erfahrung, neue Weisen des Sich-Ereignens der Welt, die nicht einfach anders sind als die »vorher« gegebenen, sondern sich ihnen in einem *dis-*

cursus hinzugesellen, dessen »Logizität« (auch im Sinne des *logos*) ganz in der Kontinuität besteht. Eine derartige Kontinuität hat – ich will es kurz machen – kein objektives Maß, sie »reduziert« sich (aber wird das eine Reduktion sein?) auf eine rhetorische, *ad homines* operierende Überzeugungskraft. Nicht jede Säkularisierung ist gut und positiv, nicht jede Interpretation ist gültig; erforderlich ist, daß sie einer Gemeinschaft von Interpreten gültig erscheint.

In einer expliziter spirituellen Sprache könnte man sagen, daß die einzige Grenze der Säkularisierung die Liebe ist, die Möglichkeit, mit einer Gemeinschaft von Interpreten zu kommunizieren. Es ist kein Paradox, wenn man sagt, daß die Geschichte der modernen Hermeneutik, für welche die protestantische Reformation einen so bedeutenden Faktor dargestellt hat, auch ein langer Weg der Wiederentdeckung der Kirche ist. Natürlich ist es auch für die Kirche, zumindest in meinen Intentionen hier, nicht ohne Bedeutung, daß man auf der Grundlage des Endes der Metaphysik der Gegenwart und der Ankunft einer hermeneutischen Ontologie ihre zentrale Stellung anerkennt. Auch in der Art und Weise, die Kirche als »Bezugsgemeinschaft« für die Gültigkeit und Kontinuität der Geschichte der Interpretation aufzufassen und zu leben, erscheinen immer wieder Versuchungen »metaphysischen« Typs, die somit dazu neigen, in den Horizont der Gegenwart zurückzufallen. Der Autoritarismus der katholischen Kirche beispielsweise ist der Anspruch, zu einem ein für allemal gegebenen Text zurückzukehren und den Interpretationsprozeß zu beenden, nicht im Namen einer Kontinuität des Diskurses und des Hörens der Stimme der Gemeinschaft, sondern im Namen der Durchsetzung eines fundamentalen Wahren, von dem angenommen wird, es sei irgendwo vorhanden (in der dogmatischen Definition beispielsweise oder, schlimmer noch, wie man es immer häufiger in den Diskussionen über die Probleme der Bioethik hört, in einer angeblichen »Natur« und ihren unwandelbaren Gesetzen).

Die Bezugnahme auf die Gemeinschaft als »Kriterium« der Gültigkeit der Interpretation kann also nicht von der Einsicht absehen, daß ein solches Kriterium nur mit der Auflösung der Metaphysik der Gegenwart legitim wird und demnach nicht außerhalb des Horizonts dieser Auflösung herangezogen werden kann. An die Stelle der Metaphysik der Gegenwart setzt die hermeneutische Ontologie eine »Auffassung« des Seins, von der diese Konnotation der Auflösung einen wesentlichen Teil darstellt; das Sein, das sich nicht ein für allemal in der Gegenwart ereignet, sondern als Verkündung geschieht und in den Interpretationen wächst, die es hören und darauf antworten, ist auch ein Sein, das auf die Spiritualisierung, auf die Entlastung oder, was dasselbe ist, auf die *kénōsis* ausgerichtet ist. Es ist sehr wahrscheinlich, daß die hermeneutische Ontologie, die aus der Auflösung der Metaphysik der Gegenwart hervorgegangen ist, nicht nur eine Wiederentdeckung der Kirche, sondern auch und vor allem eine Wiederbelebung des Traumes von Joachim von Fiore darstellt.

5
Das Abendland oder die Christenheit

Es ist nicht schwierig, diese Überschrift mit Bedeutung zu füllen, macht sie ihren Intentionen nach doch neugierig und provoziert schließlich auch gerade deshalb, weil sie eventuell allzu viele Inhalte evoziert, die nicht selten im Konflikt zueinander stehen – weswegen es, anstatt sie mit Bedeutung zu füllen, eher darum geht, sie zumindest zum Teil zu leeren und ihren Sinn auf kohärente und verständliche Termini zu reduzieren. Doch die Vielfalt der Bedeutungen, die wir dieser Überschrift alle sogleich zuzuschreiben bereit sind, zeigt zumindest, daß uns die Verknüpfung ganz natürlich, erwartet und unbestreitbar erscheint; auch wenn wir, wie häufig bei vorgefaßten Begriffen und Meinungen, die allzu selbstverständlich sind, nicht gut den Grund dafür angeben könnten. Indessen: der Verweis auf die Schrift von Novalis aus dem Jahre 1799, *Die Christenheit oder Europa*[1], ist, das muß man sogleich präzisieren, nicht bloß polemisch oder ironisch. Wenn in meiner Auswahl anfangs auch dieser Sinn eine Rolle spielte, als ich daran ging, den (sehr schönen und intensiven) Text von Novalis neu zu lesen, bin ich mir doch darüber klargeworden, daß die Beziehung zu jenen Ideen, zumindest im Hinblick auf gewisse nicht nur marginale Aspekte, tiefer und positiver war – wie ich in den folgenden Ausführungen zu zeigen hoffe.

Was bedeutet also die Äquivalenz, wenn nicht die synonymische Identität von Abendland und Christentum, die in der Überschrift suggeriert wird? Das »oder auch« schließt nämlich sogleich einen anderen Sinn aus, den man mit dem Gebrauch der zum Teil gleichbedeutenden Partikel »oder« verknüpfen könnte: Das, wovon wir sprechen, ist eine Beziehung der Synonymie (*sive*) und nicht eine der Alternative (*aut – aut*). Schon diese einfache Präzisierung kann, so scheint mir, sehr zu denken geben. Eine große Meinungsrichtung in unserer Welt, sowohl auf laizistischer als auch auf katholischer Seite, schlägt tatsächlich anstelle des *sive* ein *aut – aut* vor. Ein *aut – aut* ist die Beziehung zwischen Christentum und Abendland, so wie ein gewisser katholischer Neo-Integralismus sie versteht, der nach dem Wegfall der kommunistischen Bedrohung, die es erforderlich machte, die Reihen gegen den atheistischen Totalitarismus zu schließen, ohne es mit der Akzeptabilität der »Verbündeten« allzu genau zu nehmen, die Entdeckung macht, daß das Abendland und seine Lebensweise mit dem Wesen der christlichen Botschaft ganz und gar unvereinbar sind: Abendland ist nämlich ein Synonym für Konsumdenken, Hedonismus, babylonischen Pluralismus der Kulturen, Verlust der Mitte und Vergessen jedes Verweises auf das »Natur«gesetz. In diesen Thesen befindet sich der katholische Neo-Integralismus – das ist paradox, aber nicht allzu paradox – in Übereinstimmung mit der laizistischen Behauptung der radikalen Autonomie der Moderne gegenüber der christlichen Tradition. Eine der jüngsten und bekanntesten Formulierungen dieser These ist diejenige, die Hans Blumenberg in seinem Buch *Die Legitimität der Neuzeit* geliefert hat.[2]

In polemischer Auseinandersetzung mit Autoren wie Karl Löwith, die – meines Erachtens zu Recht – die Moderne als eine säkularisierende »Abzweigung« des jüdisch-christlichen Erbes (über das griechische hinaus) interpretiert haben,[3] behauptet Blumenberg, die Moderne definiere sich im wesentlichen auf Grund von Werten, die jener Tradition gegenüber gänzlich neu sind und die sich (wie es übrigens die Aufklärung und ein großer Teil des Historizismus des 19. Jahrhunderts einschließlich des Hegels der *Phänomenologie* gedacht hatten) in einer neuen menschlichen Haltung gegenüber der Welt zusammenfassen lassen, welche als Wille charakterisiert wird, die Wirklichkeit nach einer Rationalität zu organisieren, die von jeglicher Autorität völlig unabhängig ist. Der moderne Mensch ist in dieser Perspektive der kopernikanische Mensch im Gegensatz zum ptolemäischen Menschen: Letzterer stellte sich zwar in den Mittelpunkt des Universums, aber seine Position stand letztlich unter der Autorität des Schöpfers; seit Kopernikus rollt der Mensch aus dem Mittelpunkt weg, wie Nietzsche in einem berühmten Fragment schreibt, aber die Mitte ist leer, es gibt keine höhere Autorität als die (vor allem wissenschaftliche) Vernunft, mit welcher der Mensch auf autonome Weise die Welt zu seinem Haus zu machen sucht.

Es gibt noch andere gute Gründe, diese beiden als polemische Alternative gefaßten Formulierungen der Beziehung zwischen Abendland (oder Europa oder Moderne) und Christentum für unzulänglich und letztlich unannehmbar zu halten. Die ersten, die einem in den Sinn kommen und die, wie oberflächlich sie auch sein mögen, gleichwohl in die richtige Richtung weisen, lassen sich folgendermaßen zusammenfassen: Die radikale Alternative, wie sie der katholische Integralismus auffaßt, hat reaktionäre oder zumindest nostalgische und im Grunde »unrealistische« Weiterungen (die, das wollen wir gleich sagen, nicht deshalb eine Grenze darstellen, weil die Auffassung vertreten wird, der Wert falle mit der faktischen Realität zusammen, sondern weil sie viel mehr umfassen als das Risiko, ein undurchführbares Programm zu bleiben – der Ausgang aus der Moderne durch die Wiedergewinnung eines früheren Zustandes authentischerer Moralität und Religiosität und dergleichen. Man beachte, daß die Undurchführbarkeit des integralistischen »Restaurations«programms nicht selten verwerflicheren praktischen Kompromissen den Weg bahnt, wie man das auch in der italienischen Politik der letzten Jahre sehen konnte ...). Die These der neuen und gänzlich autonomen Legitimation der Moderne beinhaltet ihrerseits ein Übermaß an Vertrauen in die Möglichkeit des radikal Neuen und eine emphatische Betonung der absoluten Kreativität, Originalität und Freiheit des Menschen: alles moderne Dogmen oder vielleicht Mythen, die demnach aber innerhalb der Epoche angesiedelt sind, deren Ursprung wir erklären müßten, und die in dem Augenblick, in dem sich die Moderne für viele als abgeschlossene oder zumindest in den für sie konstitutiven Werten problematische lange Phase darstellt, recht wenig selbstverständlich erscheinen.

Sucht man über diese »oberflächlichen« Gründe für Kritik an den beiden Thesen der Alternative hinauszugehen, wobei man aber in die Richtung geht, in die sie deuten, dann sieht man, daß beide Versionen des *aut – aut* zwischen Christentum und Moderne unbefriedigend oder regelrecht unhaltbar sind, weil sie die irrige Meinung vertreten, sie könnten sich aus der Geschichte, der Herkunft, der sie doch angehören, herausrufen. Das gilt nicht nur, wie es selbstverständlich erscheint, für die These Blumenbergs, der sich die Moderne als »Anfang« in irgendeinem absoluten Sinn vorstellt. Es gilt auch für die katholisch-integralistische Version der These, die ebenfalls so argumentiert, als hätte die Moderne ihre Vorbereitung und ihre Wurzeln nicht in jener jüdisch-christlichen Tradition, die sie dieser Perspektive zufolge gleichwohl gänzlich negieren würde; ihrerseits glaubt diese These, sie könne die Moderne von außen beurteilen und sich von ihren Entartungen freihalten. Kurz gesagt: In beiden Thesen gibt es einen

»panoramischen« Anspruch, der einerseits die Zusammenhänge zwischen Moderne und Christentum nicht wahrnimmt und andererseits die eigene Zugehörigkeit zur einen wie zum anderen nicht registriert.[4]

Diese Diskussion ließe sich weiter vertiefen. Ich weise hier nur darauf hin, daß ein solches Bewußtsein für die Herkunft der Zugehörigkeit und die Kritik jedes »panoramischen« Anspruchs gegenüber der Geschichte den Kern der Hermeneutik darstellt, einen Kern, der bislang weit davon entfernt ist, seine ganze Fruchtbarkeit und seine Implikationen sowohl für die theoretische als auch für die moralische Philosophie und für den Begriff der Religion selbst gezeigt zu haben.

Letztlich ist es die Hermeneutik mit all ihren philosophischen Implikationen, welche die grundsätzliche Unzulänglichkeit der beiden Thesen des *aut – aut* aufzeigt und uns dazu anleitet, den Thesen der Säkularisierung Vorrang einzuräumen – die ihrerseits nicht als Preisgabe und Alternative gedacht ist, sondern als Fortführung und im Grunde als Geschick. Ja, die These der Säkularisierung bewahrt alle Elemente, die in den beiden anderen vorhanden sind (und auch darin läßt sich vielleicht ein Zeichen ihrer Gültigkeit sehen: die »gegnerischen« Thesen »begreifen« ...), stellt sie jedoch in einen historisch-existenziellen Rahmen, der nicht abstrakt rationalistisch und eben nicht panoramisch ist. Das heißt, zwar läßt sich die Moderne auch als Geltendmachung der Autonomie des Menschen gegenüber dem Heiligen, als Hinwendung des Blicks zur irdischen Realität und dergleichen darstellen; und insofern als eine Position, die sich von der vorangegangenen Religiosität distanziert. Doch diese Phänomene lassen sich weder als radikale Preisgabe noch als absolute Neuheit deuten, weil eine derartige Lesart den Zustand zu ignorieren hieße, der in anderen Kontexten hermeneutischer Zirkel genannt wird und den wir einfacher als Zugehörigkeit und Herkunft bezeichnen können.

Was bedeutet dann die These, das Abendland sei säkularisiertes Christentum, und was impliziert sie als theoretische und schließlich »praktische« Konsequenzen (»praktisch« im Sinne des Urteils über historische Haltungen, politische Optionen, moralische Entscheidungen und dergleichen)? Beachten wir: Wenn das gilt, was ich über die Gültigkeit gesagt habe, die man den beiden Thesen der Alternative, des *aut – aut*, in einem Rahmen zubilligen muß, der sich des hermeneutischen Zirkels bewußt ist, dann bedeutet die Behauptung auch, daß das Abendland säkularisiertes Christentum ist und nichts anderes sonst. Das heißt: Wenn wir vom Abendland, von Europa, von der Moderne – von Begriffen, die für unsere Ausführungen als Synonyme gelten – als erkennbaren und charakterisierten historisch-kulturellen Entitäten sprechen wollen, dann ist der einzige Begriff, den wir benutzen können, eben derjenige der Säkularisierung des jüdisch-christlichen Erbes. Sobald sich das Abendland nicht mehr allein als die Alternative zum Reich des Bösen definieren läßt, das durch den kommunistischen Totalitarismus repräsentiert wird, und auf autonome und positive Weise die eigene Physiognomie zu finden sucht, ist das, worauf es stößt, der eigene christliche Ursprung in Form eines Erbes, das gewiß transformiert und »abgezweigt«, aber doch so verfaßt ist, daß es sein einziges identifizierendes Element darstellt.

Also: Die These der »Äquivalenz« von Christentum und Abendland bedeutet vor allem, daß die Säkularisierung nicht Preisgabe und radikale Loslösung ist, weil dies die Möglichkeit eines absolut neuen Anfangs von der Art, wie Blumenberg ihn sich vorstellte, implizieren würde (und sei dies auch, aus integralistischer Sicht, ein »dämonisches« Ereignis), der in unserer These den Zustand der hermeneutischen Zirkularität ignoriert, in den tatsächlich jede Existenz geworfen ist. Hieraus folgt aber sogleich, daß von Säkularisierung zu sprechen nicht bedeuten kann, in integralistischer Weise eine Rückkehr zu den authentischen Ursprüngen zu invozieren, zum sakralen Zustand, der ungehörigerweise aufgegeben wurde (wir werden sehen, daß dies auch nicht das Programm von Novalis ist, wie gleichwohl häufig irrigerweise angenommen wird), und auch nicht, im Gegensatz dazu, eine spezifische, autonome, ursprüngliche Berufung der Moderne gegenüber der jüdisch-christlichen Tradition anzuerkennen.

Es geht vielmehr darum, von Grund auf zu verstehen, daß die Äquivalenz zwei Dinge bedeutet: a) das Abendland findet in dem Augenblick, in dem es – auch und vor allem infolge der erwähnten politischen Ereignisse, des Sturzes des kommunistischen Feindes und zugleich des ökonomisch-politischen Drucks zur Errichtung des geeinten Europas – die Notwendigkeit verspürt, eine eigene kulturelle Identität zu behaupten, kein anderes einigendes und identifizierendes Element als die gemeinsamen christlichen Ursprünge in säkularisierter Form, was sich, genau in diesem Sinne, in den Thesen des *aut – aut* widerspiegelt (die also vom Standpunkt der Inhalte, die sie zur Geltung bringen möchten, recht haben, während sie sich im Hinblick auf den umfassenden Sinn irren, den sie der Moderne zuschreiben, indem sie diese als radikale Alternative zum Christentum denken); b) die neue Vitalität des Christentums, die in vieler Hinsicht zu Recht als die wahre und eigentliche religiöse Renaissance unserer Zeit betrachtet wird, kann nur eine Wiederentdeckung des Christentums als Abendland sein und nichts anderes.

Ich werde jetzt die Gültigkeit der beiden Aspekte der These zu zeigen versuchen, wobei ich darauf hinweise, daß die Argumente häufig in beiden Fällen zwangsläufig die gleichen sein werden, nur von verschiedenen Standpunkten aus betrachtet und bewertet, der eine mehr politisch-kulturell, der andere mehr religiös und, wenn ich das sagen darf, theologisch.

Daß die Einheit Europas im wesentlichen durch die christliche Tradition konstituiert wird, hatte Novalis in der Schrift, auf die der Titel dieses Kapitels anspielt, bereits hinlänglich demonstriert. Wenn man glaubt, in der Vorstellung von Novalis sei das christliche Europa das Europa der Nationalstaaten, dann ist das ein Mißverständnis, das in engem Zusammenhang mit unserer Auffassung von der Romantik steht. Dieses Europa der Grenzen ist für Novalis vielmehr die Tochter der Reformation, von der an »die Religion irreligiöser Weise in Staats-Gränzen eingeschlossen« wurde.[5]

Die Vorahnung Novalis' findet ihre Bestätigung heute, da auf der politischen Ebene versucht wird, eben jenes Europa der Grenzen zu überwinden. Ein bedeutsames Symptom für die Gültigkeit dieser Position läßt sich naheliegenderweise in der entscheidenden Funktion sehen, die das gegenwärtige Papsttum bei der Befreiung Osteuropas von kommunistischer Herrschaft gehabt hat, was gewiß eine der Bedingungen für die »Wiederfindung des Abendlandes« darstellt. In dem Moment, in dem man erneut an ein geeintes Europa denkt, wird auch das wieder aktuell, was historisch sein Element der Einheit dargestellt hat, das Christentum und, sagen wir es ruhig, das katholische Christentum. Doch es geht bei der Hypothese, die ich vertreten möchte, nicht allein hierum. Die entscheidende Gegenwart des Papstes bei der Wiederentdeckung und der Befreiung Europas in diesen Jahren ist hier nur ein Symptom für die umfassendere und allgemeinere Tatsache, weshalb Europa und das Abendland in dem Bemühen, die eigene Identität wiederzuentdecken, auf die eigenen säkularisierten christlichen Ursprünge als einziges grundlegendes Element stoßen.

Was sind nämlich Europa oder das Abendland oder die Moderne anderes als vor allem die Kultur der wissenschaftlichen und ökonomischen und technischen Rationalität? Doch diese Rationalität hat sich, wie uns Max Weber gelehrt hat[6] und wie seither im Überfluß wiederholt worden ist, in keiner anderen Kultur des Erdballs verwirklicht, auch wenn alle anderen materiellen Bedingungen gegeben waren, weil nur im Abendland die jüdisch-christliche religiöse Tradition wirksam war. Der Monotheismus ist (ich fasse hier rasch und grob zusammen) die Voraussetzung dafür, die Natur unter der einheitlichen Perspektive einer Naturwissenschaft, als unentbehrlicher Grundlage für die technologische Beherrschung der Natur, zu denken; die christliche, vor allem die protestantische Ethik ist die Voraussetzung dafür, die Arbeit, das Sparen, den wirtschaftlichen Erfolg als religiöse Gebote zu denken und also als fähig, eine tiefe und totale Verpflichtung hervorzurufen. Nicht allein dies: Nach Weber und über Weber hinaus, aber nicht notwendig gegen ihn ist kürzlich die These vertreten worden, daß auch das moderne Konsumdenken – das sich schwer in die »strenge« Webersche Vision des Kapitalismus als Effekt der calvinistischen Ethik einfügen läßt – das Ergebnis einer Säkularisierung des christlichen Kerns ist. In Colin Campbells Buch *The Romantic Ethic and the Spirit of Modern Consumerism*[7] wird die Beziehung, wenn auch nicht so explizit, wie ich es hier andeute, gleichwohl klar bekräftigt. Die Neigung zum Konsum läßt sich, wie Campbell zeigt, nicht hinreichend mit dem Argument der durch die Werbung betriebenen Manipulation des Geschmacks und der Erwartungen erklären, in der sich angeblich die Erfordernisse der

Ausweitung des Marktes widerspiegeln, die von einer Industrie ausgehen, welche ihre Produktionskapazitäten bis zum äußersten intensiviert hat. Um den Konsumismus zu erklären, ist es vielmehr erforderlich, auf eine tiefgreifendere Transformation der europäischen Mentalität zurückzugreifen, die sich als Neugier auf alternative Welten beschreiben ließe, auf die Tendenz zu phantasieren und also auf ein intensives Bedürfnis nach Neuem. Diese Züge der europäischen Mentalität, die sich Campbell zufolge mit der Romantik explizit durchsetzen, sind ebenfalls wie die Ethik des Weberschen Kapitalisten Effekte der Säkularisierung der christlichen Religiosität: Der »buchstäbliche« Glaube an die christlichen Wahrheiten schwächt sich mit dem Beginn der Moderne und der großen Erschütterung der Reformation ab, macht aber einer Neigung zu anderen, wenngleich nicht mehr jenseitigen, aber doch nicht mit der alltäglichen sichtbaren Realität identischen Welten Platz. Von hier aus kommt es über eine Reihe von Zwischenstufen zur Entstehung der »romantischen« Mentalität im gängigen und auch banalen Sinne des Wortes, auf die man die »konsumistische« Wendung des modernen und spätmodernen Kapitalismus zurückführen muß.

Man braucht hier nicht zu entscheiden, ob und bis zu welchem Punkt die These Campbells – die allerdings ernsthaft untermauert und mit Argumenten begründet ist – annehmbar ist. Jedenfalls ist wahr, daß, mehr noch als bei Weber, diese These – die unter den spätmodernen Bedingungen formuliert worden ist, in denen wir leben und von denen Weber keine Erfahrung hatte – die Richtung weist, in der wir uns bewegen müssen, um die Idee des Zusammenfallens von Abendland und (säkularisiertem) Christentum darzulegen. Ich möchte behaupten, daß das Abendland im wesentlichen christlich in dem Maße ist, in dem sich der Sinn seiner Geschichte als der

»Untergang« des Seins zeigt, als die Schwächung der Härte des »Realen« auf dem Wege über all die Vorgänge der Auflösung der Objektivität, welche die Moderne mit sich gebracht hat.

Wenn wir nämlich versuchen, der Idee des Abendlandes einen Inhalt zu geben, finden wir heute nicht allein und nicht in erster Linie die kapitalistische und technologische Rationalität »neben« einer Reihe miteinander verbundener idealer Themen, die aber im Grunde voneinander unabhängig sind und häufig in Widerstreit zueinander geraten, wie etwa der aufklärerische Rationalismus und die christliche Dogmatik, die ihrerseits in protestantische, katholische und andere Spielarten unterteilt ist. Mehr als in jeder anderen Epoche scheinen sich alle diese Komponenten (und die anderen, die wir aufzählen könnten) zu einer Ganzheit vermischt zu haben, die gewiß nicht organisch und streng ist, in der aber Elemente einer starren Differenzierung fehlen. Die »Popularität« des Papstes in der heutigen Welt beispielsweise entspricht nicht allein seiner lebhaften politischen Präsenz und auch nicht allein einem Erstarken des religiösen, des katholischen Glaubens in orthodoxem Sinne usw. Sie steht wahrscheinlich in engem Zusammenhang mit dem allgemeinen Verschwinden der starren Unterschiede, das sich vor allem infolge der Verbreitung der Massenmedien bestätigt hat. Was häufig – immer von allzu starren und dogmatischen religiösen oder laizistischen Standpunkten aus – als Verwirrung und Kommodifizierung aller Werte beklagt wird, die durch die Medien produziert wird, ist vielmehr die Voraussetzung für die Herstellung einer Toleranz, die, wie unschwer zu erkennen ist, nicht umhin kann, eine Schwächung der Idee der Wahrheit überhaupt und schließlich der Realität anzuzeigen. (Ich gestatte mir, diese Terminologie zu verwenden, ohne sie ausführlicher zu erläutern: Es ist die Thematik des »schwachen Denkens« ...)

Auch und vor allem aus diesen Gründen läßt sich das Abendland heute in vielen Bedeutungen, die alle miteinander zusammenhängen, als Okzident, als Land des Sonnenuntergangs oder auch, was dasselbe ist, der Säkularisierung charakterisieren. Ich verweise hier nur auf einige Züge, die es meines Erachtens gestatten, in diesen Termini zu sprechen: Säkularisierung ist, wie mir scheint, vor allem im Sinne Max Webers die Anwendung der monotheistischen, jüdisch-christlichen Ethik und Weltanschauung auf die Konstruktion des Kapitalismus, der Naturwissenschaft und der modernen Technologie. Aber nicht nur das: Säkularisierung des Christentums ist auch jene Öffnung gegenüber anderen Welten, die, wie unter Berufung auf Campbell gesagt wurde, dem Konsumismus zugrunde liegt. Säkularisierung ist außerdem Schwächung des Wirklichkeitsempfindens, die in den Wissenschaften betrieben wird, welche Entitäten untersuchen, die sich immer weniger mit den Dingen unserer Alltagserfahrung gleichsetzen lassen. Eine solche Schwächung wird auch auf einer anderen Ebene hervorgebracht: Als Realitätsgrundlage funktioniert nämlich auch nicht mehr die Welt der »natürlichen« Bedürfnisse, weil wir nicht mehr genau wissen, was diese sind, da sie ja nun einmal der Manipulation, aber besser wäre es zu sagen, Transformation, unseres Imaginären von seiten der Welt der Produktion, der Werbung usw. ausgesetzt sind. Gleiches gilt für die Information und die Geschichte: Die Historiker sind sich immer mehr darüber im klaren, daß die Erkenntnis der Vergangenheit durch die Anwendung rhetorischer narrativer Schemata, die eine objektive Widerspiegelung dieser Vergangenheit ausschließen, möglich gemacht, aber auch unheilbar konditioniert wird; und diese Schemata sind funktional für die Kultur, die sie hervorbringt, so daß man, seit der Eurozentrismus, der westliche Imperialismus usw. am Ende sind, nicht von einer Universalgeschichte sprechen kann, die den spezifischeren Geschichtsabläufen zugrunde liegt: Dann aber »gibt« es im Grunde nicht so etwas wie *die* Geschichte. Gleiches gilt für die gängige Information: eine Vielzahl von Informationsagenturen, die nicht »widerspiegeln«, sondern interpretieren (die natürlich nie widergespiegelt haben, aber das Neue ist heute, daß dieses Interpretieren allen bekannt ist, so wie alle wissen, daß das Fernsehen lügt ...).

Hat es Sinn, die Gesamtheit dieser Phänomene unter das Zeichen der Säkularisierung zu stellen? Was Max Weber und die Idee des Kapitalismus als säkularisierende Entwicklung des christlichen Monotheismus und der christlichen Ethik angeht, besteht, wie mir scheint, kein Zweifel. Was immerhin ein Problem verursachen könnte, ist die Tatsache, daß man als Säkularisierung auch die »postmoderne« Entwicklung der von Weber beschriebenen Abzweigung bezeichnet, welche in Richtung der Schwächung des Wirklichkeitsempfindens und der Wahrheitsidee überhaupt geht, die ich oben erwähnt habe. Diese »Ausweitung« des Terminus »Säkularisierung« werde ich hier nicht erschöpfend zu behandeln versuchen. Ich möchte nur den Sinn der von mir verfochtenen Hypothese klarstellen, die es, wie mir scheint, verdient, diskutiert und bestätigt zu werden. Diese Hypothese lautet summarisch folgendermaßen: Wenn das Abendland seine Identität sucht, muß es in erster Linie die Phänomene in Betracht ziehen, auf die ich hingewiesen habe, das heißt die kapitalistische Rationalisierung im Sinne Webers plus die wachsende Welt der Information und Interpretation ohne Zentrum, die dazu tendiert, überhaupt den Sinn von Termini wie Sein und Realität zu schwächen. Nun läßt sich diese Gesamtheit von Phänomenen, wie mir scheint, nur dann in einheitlicher Weise begreifen, wenn man sie als ein großartiges Phänomen der Säkularisierung des Inhalts der jüdisch-christlichen Tradition ansieht. So wie Weber auf der Suche nach dem »differentiellen« Element, das erklären würde, weshalb der moderne Kapitalismus gerade im Abendland entstanden ist, auf den Monotheismus und die protestantische Ethik stieß, so erscheinen mir heute die Phänomene, die ich summarisch angedeutet habe, wiederum nur im Lichte der christlichen Tradition begreifbar zu sein. Diese Behauptung bleibt hier, ich wiederhole es, ohne einen richtiggehenden Beweis, aber ihre Berechtigung und Plausibilität läßt sich verstehen, wenn man an Ausführungen wie diejenigen Campbells über den Konsumismus denkt, und vor allem, wenn man den Verweis auf Weber nicht nur als Analogie versteht. Das heißt, es ist wahr, daß die Phänomene der Schwächung, von denen ich gesprochen habe, wenn sie mit der Verbreitung der Informationstechnologien verknüpft sind, eben über die Wissenschaft und Technik (die von der Mechanik, bei der es um Motoren und Fließbänder geht, zur Elektronik geworden ist: Fernsehen, Computer ...) im Zusammenhang mit der Säkularisierung stehen, von der Weber sprach. Mit anderen Worten, um den Gebrauch des Terminus »Säkularisierung« für diese Phänomene der Schwächung zu legitimieren, muß man sie vor allem auf ihren Ursprung zurückführen, auf den Grund, ohne den sie nicht erklärbar wären. Dann geht es darum, sowohl auf dem Weg voranzugehen, den Weber eröffnet hat, als auch zu betonen, daß sich eine Gesellschaft der Kommunikation und der Interpretation ohne Grenzen als die logische Fortsetzung einer Welt darstellt, der die Heilige Schrift zugrunde liegt und die sich vor allem als Exegese entwickelt. Man kann aber auch, mehr theologisch gesprochen, auf dem Wege über eine radikale Deutung der

Fleischwerdung als *kénōsis* den Punkt in den Vordergrund rücken, daß die Schwächung des Seins eine der möglichen Bedeutungen, wenn nicht absolut genommen die Bedeutung der christlichen Botschaft ist, die von einem Gott spricht, der sich inkarniert, sich erniedrigt und alle Mächte dieser Welt beschämt ...[8]

Auch für diesen Teil meiner Ausführungen könnte man sich, glaube ich, auf den bereits erwähnten Text von Novalis berufen, auf die Stelle, an der er sagt: »Wahrhafte Anarchie ist das Zeugungselement der Religion.«[9] Aus dem Kontext ersieht man deutlich, daß der Terminus »Anarchie« hier eigentlich auf jene babylonische Verwirrung und jenen Verlust der Mitte zugunsten einer irreduziblen Vielfalt von »Weltbildern« hindeutet, die man meinem Vorschlag zufolge als »Schwächung des Wirklichkeitsempfindens« bezeichnen sollte.

Novalis muß aber, wie ich eingangs bemerkte, gerade in den Schlußfolgerungen seiner Schrift gefolgt werden, um zumindest schematisch die Argumentation vorzutragen, welche die Plausibilität der zweiten oben ausgesprochenen »These« zeigen müßte, der zufolge sich nicht nur das Abendland heute einheitlich als säkularisiertes Christentum definieren läßt, sondern auch das Christentum heute nur authentisch wiederzufinden ist, wenn es sich als Abendland wiederfindet. Klarer und wahrscheinlich anstößiger gesagt, ich möchte sagen, daß das gesamte Abendland als Land des Sonnenuntergangs und der Schwächung heute die Wahrheit des Christentums ist.

Von Novalis sind hier zwei Stellen zu zitieren: vor allem diejenige, in der er die katholische »Esoterisierung der Bibel« und die »heilige Gewalt der Concilien und des geistlichen Oberhaupts« gegen das *sola scriptura* Luthers verteidigt, weil auf diese Weise der Katholizismus verhindert habe, daß »die absolute Popularität der Bibel« und »der dürftige Inhalt, der rohe abstracte Entwurf«, den sie enthielt, zum Hindernis für den Glauben wurden.[10] Mit anderen Worten, die Bibel ist nur ein Kern, der für sich allein, im Gegensatz zur lebendigen Tradition und zum Glauben der Gemeinde, nicht als die authentische Offenbarung gelten kann. Und die zweite Stelle, die sich auf der Schlußseite des Aufsatzes findet: Heute hat der lebendige Glaube der Gemeinde, der auf eine Renaissance des Christentums hoffen läßt, auch für Novalis die Züge jener »Indifferenzierung«, von der ich oben sprach. Novalis schreibt: »Das Christenthum ist dreifacher Gestalt. Eine ist das Zeugungselement der Religion, als Freude an aller Religion. Eine das Mittlerthum überhaupt, als Glaube an die Allfähigkeit alles Irdischen, Wein und Brod des ewigen Lebens zu seyn. Eine der Glaube an Christus, seine Mutter und die Heiligen. Wählt welche ihr wollt, wählt alle drei, es ist gleichviel, ihr werdet damit Christen und Mitglieder einer einzigen, ewigen, unaussprechlich glücklichen Gemeinde.«[11]

Man muß hier nicht die Bedeutungen dieser drei Formen vertiefen, wie Novalis sie dachte, zumindest ist klar, daß sich für ihn der Idee der Wiedergewinnung der Authentizität der Offenbarung mittels einer Rückkehr zur Bibel die Idee eines »weiten« und auch in gewissem Maße vagen Christentums entgegenstellt, das nicht dogmatisch definiert ist, sondern dazu neigt, mit einem religiösen Geist von der Art zusammenzufallen, wie ihn Schleiermacher in seinen Reden *Über die Religion* theoretisch entwickelte, auf die sich Novalis in seinem Werk explizit beruft. Wiewohl der Katholizismus immer gelehrt hat, daß die Quellen der Offenbarung die Schrift und die Tradition seien, und also im Prinzip immer anerkannt hat, daß sich die Offenbarung fortsetzt und sich (aber nur bis zu einem gewissen Punkt) im lebendigen Glauben der Gemeinde bereichert, hat er dann praktisch die Grenzen der

Gemeinde immer stark eingeschränkt, die Kirche mit der hierarchischen Organisation unter der Leitung des Papstes und der Bischöfe gleichgesetzt und über die Ehrfurcht vor der Heiligen Schrift definiert. Mit dieser Auffassung von Gemeinde ist die katholische Kirche heute weit davon entfernt, die Elemente »laizistischer« Religiosität anzuerkennen, die sich in der Kultur des Abendlandes ankündigen, und setzt ihnen sogar ein Mißtrauen entgegen, das sich im nicht notwendigen Akzeptieren einer starr disziplinarischen Auffassung von christlicher Praxis manifestiert (ich denke natürlich an die Sexualmoral, die den Anspruch erhebt, auf das »Naturgesetz« zurückzugreifen, und dergleichen). Wenn wir aber, wie ich glaube, anerkennen (mit Novalis beispielsweise), daß die Wahrheit der Offenbarung *in nuce* in der Heiligen Schrift enthalten ist und dann aber in der Erfahrung der Gemeinde wächst und sich bereichert, werden wir wahrscheinlich auf demselben Weg vorgehen müssen wie Novalis: Man kann die christliche Gemeinde nicht allzu willkürlich unter Berufung auf den Buchstaben der Schrift einschränken.

Die Erfahrung der Moderne, die meinem Vorschlag zufolge aufzufassen ist als Schwächung des kategorischen Charakters des Wirklichen und, in miteinander verbundenen Bedeutungen, des Autoritarismus in der Politik, der starren Hierarchisierung in der Auffassung des individuellen Subjekts und der direkten Gewalt, die in den Mechanismen des modernen Rechtsstaates verringert und gemildert wird,[12] diese Erfahrung hat alles Recht, als christliches Ereignis betrachtet zu werden; besser noch, als das christliche Ereignis par excellence, als Zeugnis dafür, daß der Same des göttlichen Wortes auf einem gewaltigen Feld reiche Frucht getragen hat und sich nicht in den autoritären Grenzen des Dogmas einschließen und verhärten ließ.

Sicher kann man, um ganz provisorisch zum Schluß zu kommen, nicht sagen, daß »alles geht«. Das »vage« Christentum, das wir unseres Erachtens auch bei Novalis theoretisch entwickelt gefunden haben, hat zwar nicht die starren Grenzen des Dogmas und der hierarchischen Autorität, doch es hat gleichwohl als Unterscheidungsmerkmal die Liebe als *caritas* und *amor*. Das Gewicht, welches Begriffe wie Kommunikationsgemeinschaft, Dialog, Konsens, Demokratie und so fort in einem weiten Bereich der zeitgenössischen Philosophie angenommen haben, scheint mir nicht zufällig zu sein, es verweist vielmehr auf einen »Schluß« des modernen Denkens, das in vielfältigen philosophischen Formulierungen, die voneinander auch recht verschieden sind, dazu neigt, die Wahrheit eher als Konsens – aber wir können auch sagen, als *caritas* – denn als »Objektivität« aufzufassen. Den Sinn dieser »Zeichen« zu erfassen und zu entwickeln erscheint mir als die wesentliche Aufgabe, die sich heute demjenigen stellt, der sich offen als Christ bekennt, und auch den vielen, die außerhalb jeder hierarchischen Observanz verstanden haben, daß sie »nicht umhin können, sich als Christen zu bezeichnen«.

6
Tod oder Umwandlung der Religion

Ich gehe von zwei Reihen von »Fakten« aus, die mir in der Kultur von heute evident zu sein scheinen und die nicht dieselbe Bedeutung haben; die vielmehr, wie ich zu zeigen hoffe, gerade in ihrer Unterschiedlichkeit auf eine Möglichkeit und eine Aufgabe für das kritische Denken verweisen.

Ich beginne mit den eher makroskopischen und auch vageren Phänomenen der Rückkehr der Religion. Das ist das, was wir, mit dem Titel eines vor einigen Jahren in Frankreich erschienenen Buches, den Sieg Gottes nennen könnten. Auch dank des Beitrags, den er zur Auflösung der Regimes des »realen Sozialismus« geleistet hat, findet der gegenwärtige katholische Pontifex sogar bei Nichtkatholiken und Nichtglaubenden aufmerksamstes Gehör. Indessen mehren sich neben einem Wiederaufleben der sozialen und kulturellen Präsenz der katholischen Kirche – von dem ich nicht weiß, in welchem Maße es sich auch in der Häufigkeit der Teilnahme an der Messe und an den Sakramenten manifestiert, das aber gewiß als umfassende gesellschaftliche Tatsache erkennbar ist – mehr oder weniger heterodoxe religiöse Erfahrungen, die sich sowohl mit dem christlichen Stamm als auch mit der islamischen Tradition verbinden, die aber auch von anderen Traditionen, etwa den östlichen Religionen, zu allererst dem Buddhismus, angeregt sind. Ich möchte mich hier nicht an eine soziologische Analyse wagen, für die mir im übrigen die Kompetenzen und die Instrumente fehlen. Mir liegt daran, ungeachtet all ihrer Allgemeinheit auf diese »Fakten« hinzuweisen – die ich als solche bezeichne, weil mir scheint, daß man sie nicht beweisen muß, wir nehmen sie alle wahr –, um hervorzuheben, daß das, was einige (ich denke beispielsweise an Richard Rorty) eine postchristliche oder geradezu postreligiöse Epoche nennen zu können glaubten, durchaus keine solche ist. Die Motive für diese erneuerte Vitalität oder Aktualität der Religion sind vielfältig, aber zumindest einige von ihnen scheinen augenfälliger zu sein. Nicht nur gibt es, was die katholische Kirche angeht, das spezifische Faktum der Rolle, die der Papst beim Sturz des Kommunismus in Osteuropa gespielt hat. Nicht nur gibt es, was speziell Italien angeht – aber ich frage mich, ob sich Derartiges nicht auch in anderen Ländern ereignet –, eine geringere direkte Verwicklung der katholischen Hierarchie in die Politik, so daß die religiöse Entscheidung in einem authentischeren Licht erscheinen kann, weniger vermengt mit der Alternative zwischen Reaktionär und Progressivem, zwischen atheistischem Marxisten und christdemokratischem Katholiken. In einer viel umfassenderen und allgemeineren Perspektive ist das, was der Stimme und der Präsenz der Religion – im Abendland dem Christentum und speziell dem Katholizismus – erneutes Gewicht verleiht, auch die Neuartigkeit und Gewichtigkeit der Probleme, vor denen unsere Gesellschaften infolge gewisser neuerer Entwicklungen der Naturwissenschaft und der Technologie stehen. Ich denke natürlich an die mit der Bioethik verbundenen Probleme und auch an diejenigen der Ökologie. Vor allem im erstgenannten Bereich erscheinen die Fragen, die sich ergeben, häufig allzu groß, als daß sie sich allein mit Hilfe rationaler Argumentation lösen lassen. Sie berühren die wahren Säulen des Herkules, welche die Grenzen zwischen Leben und Tod darstellen, oder die der Freiheit und Selbstbestimmung, des Schicksals der Person – also ein Gebiet, auf dem es unausweichlich erscheint, dem

Heiligen zu begegnen. Nietzsche hatte vorhergesagt, daß die moderne Wissenschaft – die ja auf Spezialisierung und kollektiver Arbeit beruht, wobei sich jeder Wissenschaftler der Lösung von Teilaspekten eines Problems widmet – auch zum Modell eines neuen, nüchterneren und fruchtbareren Denkens werden würde, das nicht immer damit beschäftigt wäre, letzte Wahrheiten zu entdecken, von denen angeblich das Seelenheil abhängt, sondern fähig, im Naheliegenden zu leben. »Was kümmert es mich«, wäre Nietzsche zufolge das Motto des Denkers der Zukunft. Nun, die Grenzen, an welche die experimentelle Wissenschaft heute auf vielen Gebieten gelangt ist, scheinen diese Prophezeiung Lügen zu strafen: Gerade die Wissenschaftler sehen sich jetzt häufig mit letzten Fragen konfrontiert. Hier hat eine rigide und über Jahrhunderte kontrollierter Orthodoxie hinweg konstruierte Doktrin wie die der katholischen Kirche viele Gründe, sich durchzusetzen, besonders gegenüber denjenigen, die sich tatsächlich der Anwendung der Forschungsergebnisse auf konkrete Fälle widmen. Es ist vor allem das dogmatische Denken der Kirche, welches fähig erscheint, auf diesen Gebieten strenge und sichere Kriterien zu liefern – jene Kriterien, die eine konfessionslose Philosophie, welche von kritischem Geist durchdrungen ist, anscheinend nicht mit ebensolcher Endgültigkeit und Klarheit zu definieren vermag.

Man könnte noch lange fortfahren, die Motivationen für die Wiedergewinnung von Gehör durch die Religion und speziell die Stimme der Kirchen in unserer Welt aufzuzählen. Wenigstens ein anderes Thema kann hier nicht ausgelassen werden: die Bedeutung, welche die Religion für soziale Gruppen annimmt, die auf der Suche nach einer Identität sind, welche sie aus der Situation einer »Anomie« rettet – um es mit dem Begriff Émile Durkheims zu sagen –, in die die Entwicklung der spätindustriellen Welt sie geworfen hat. Zusammen mit der Gewichtigkeit und Neuartigkeit der moralischen Probleme von der Art, die ich gerade angesprochen habe, ist dieses Bedürfnis nach Identität ein weiterer starker Faktor für das Wiederaufleben der Religion in unserer Gesellschaft. Und ebenso wie jene Probleme tendiert auch dieses Bedürfnis nach Identität dazu, der Renaissance der Religion den Sinn einer Rückkehr zu den Fundamenten, einer erneuten Akzeptierung von Disziplinen und starren Doktrinen zu verleihen, mit dem offensichtlichen Risiko von Fanatismus und Intoleranz.

Genau hier setzt der Verweis auf die zweite der beiden Reihen von Phänomenen an, die ich eingangs erwähnt habe. Der Tod der Religion, von dem der Titel meines Aufsatzes spricht, ist derjenige, der anscheinend nun schon seit langem in der Philosophie und durch die Philosophie stattgefunden hat – in dem Sinne, daß gerade und vielleicht allein für die Philosophen der Satz Nietzsches vom Tode Gottes wahr ist. Der Hauptstrang der modernen Philosophie, derjenige, der sich entlang der beiden Parallelen hinzieht, die man heute gewöhnlich als kontinentale Philosophie und angelsächsische Philosophie bezeichnet, hat seit langem keinen Platz für die Theologie mehr. Er ist auch kein militantes atheistisches Denken mehr in dem Sinne, daß er explizit die Falschheit von Religion theoretisch behandelt, er spricht einfach nicht von ihr oder räumt höchstens ein, daß es eine religiöse Erfahrung gibt, die ganz anders ist als die des rationalen Denkens, als reine Gefühlssache oder auch als Bereich derjenigen Dinge, von denen man, weil man darüber nicht sprechen kann, schweigen muß – nach dem berühmten Wort Wittgensteins. Auch die Philosophien, die in neuerer Zeit dieser Beschreibung zu entgehen scheinen – ich denke beispielsweise an Emmanuel Lévinas, aber auch an Paul Ricœur – gehören in den Rahmen, den ich umrissen habe, zumindest in dem Sinne, daß ihre »Theologie« rein negativ ist: Sie räumen der religiösen Erfahrung einen Raum ein oder sprechen auch von Gott (wie Lévinas es tut), aber nur wie von einer Andersheit und einer Leere, die man nicht umhin kann zuzugeben, die aber nicht positiv zum philosophischen Denken spricht und von der das philosophische Denken nicht spricht. Das geht so weit, daß, sogar und vor allem bei Lévinas, der Name Gottes einfach die charakteristische Endlichkeit der menschlichen Existenz zu evozieren scheint.

Gleichwohl scheint heute das Schweigen der Philosophie über Gott philosophisch relevanter Gründe zu ermangeln. Zum größten Teil geschieht es aus reiner Gewohnheit, fast aus einer Art Trägheit, daß die Philosophen nicht von Gott sprechen oder sich sogar ausdrücklich als atheistisch oder irreligiös betrachten. Tatsache ist, daß mit dem Untergang der großen Metaerzählungen (nach dem Ausdruck Lyotards) – der systematischen Philosophien, die davon überzeugt sind, sie hätten die wahre Struktur des Realen, die Gesetze der Geschichte, die Methode für die Erkenntnis des einzig Wahren begriffen – auch alle starken Gründe für den philosophischen Atheismus geschwunden sind. Wenn die Metaerzählung des Positivismus nicht mehr gilt, kann man nicht mehr denken, daß Gott deshalb nicht existiert, weil er kein wissenschaftlich überprüfbares Faktum ist. Wenn die Metaerzählung des hegelianischen oder marxistischen Historizismus nicht mehr gilt, kann man nicht mehr denken, daß Gott deshalb nicht existiert, weil der Glaube an ihn einer überwundenen Phase der menschlichen Entwicklungsgeschichte entspricht oder eine ideologische Repräsentation darstellt, die für Herrschaft funktional ist. Wahr ist, daß gerade Nietzsche, der entscheidend zur Auflösung der Metaerzählungen beigetragen hat, auch derjenige ist, welcher den Tod Gottes verkündet. Doch hierin besteht einer der zahlreichen paradoxen Aspekte der Nietzscheschen Philosophie: Seine Verkündung des Todes Gottes, was dasselbe ist wie das Ende der Metaerzählungen, schließt keineswegs aus, daß viele Götter wiedergeboren werden: Man denkt vielleicht nicht genügend darüber nach, daß Nietzsche ausdrücklich schreibt, es sei »der moralische Gott, der überwunden wird«, das heißt, der Gott als Fundament, der Gott als reines Handeln im Sinne des Aristoteles, der Gott als oberster Uhrmacher und Baumeister im Sinne des aufklärerischen Rationalismus.

Hier sind also, und sei es auch näherungsweise und unscharf wie alle Vorverständnisse, in denen sich unsere interpretierende Aneignung der Welt bewegt, die beiden »Fakten« umrissen, welche für unsere Kultur charakteristisch sind, über die ich nachdenken möchte: einerseits die Renaissance der Religion in der allgemeinen Kultur, gestaltet als verstärktes Gehör für die Lehre der Kirche, als Bedürfnis nach letzten Wahrheiten, als Wunsch, die eigene Identität auch und vor allem in bezug auf die Transzendenz zu finden; andererseits der Sturz der philosophischen Gründe für den Atheismus, dem die Philosophie einstweilen keine Aufmerksamkeit zu schenken scheint, mit dessen Berücksichtigung sie aber gleichwohl beginnen müßte, auch und vor allem in Ansehung der erstgenannten Tatsache, von der ich sprach. Die Renaissance der Religion in der zeitgenössischen Kultur kann nicht umhin, für eine Philosophie, die sich daran gewöhnt hat, die Gottesfrage als nicht mehr relevant zu betrachten, ein Problem darzustellen. Diese Philosophie hat, wie ich sagte, mit dem Ende der Metaerzählungen auch die Gründe für ihren traditionellen Atheismus oder Agnostizismus verschwinden sehen, aber es scheint fast unvermeidlich, daß man in dieser

Situation, wenn man auf die Gründe der Aktualität achtgeben will – und das heißt im Grunde, sich darum bemühen will, »die Phänomene zu retten«, der Erfahrung Gerechtigkeit widerfahren zu lassen –, die Renaissance der Religion im allgemeinen Bewußtsein und die guten Gründe für diese Renaissance zur Kenntnis nehmen muß. Eben dies ist es, was meines Erachtens in vielen Aspekten der Wiederbelebung der sogenannten »Kultur der Rechten« in einigen westlichen Ländern wie Italien stattfindet. Hier ist die Linke nicht mehr die hegemoniale Kultur, wie sie es auch in Zeiten christdemokratischer politischer Vorherrschaft lange Zeit war. Und die erneute Popularität der Religion wird zusammen mit der politischen Erneuerung der Parteien der Rechten im allgemeinen als ein Motiv dafür betrachtet, auch das kulturelle Erbe der Moderne, also vor allem die verhaßte Aufklärung und vor allem jedes kritische Denken, zu liquidieren.

Kann sich aber eine Philosophie, die das Verschwinden der Gründe für den Atheismus berücksichtigt hat, wirklich mit der neuen populären Religiosität verbünden, die von Fundamentalismus, Kommunitarismus, Angst um ethnische Identität und letztlich von »väterlichen« Versicherungen durchdrungen ist, welche auch mit dem Opfer der Freiheit bezahlt werden?

Meine These lautet, daß die Philosophie, wenn sie erkennt, daß sie nicht mehr atheistisch sein kann, in diesem Bewußtsein auch die Grundlage dafür finden muß, eine kritische Haltung gegenüber der Renaissance der Religion und ihren gefährlichen fundamentalistischen Zügen einzunehmen. Solange aber die zeitgenössische Philosophie fortfährt, sich in trägheitsbedingter Fortschreibung vorangegangener metaphysischer Positionen als atheistisch oder agnostisch zu betrachten, wird sie sich immer mehr vom allgemeinen Bewußtsein entfernen und sich in jener »esoterischen« Position ansiedeln, die schon Hegel in seiner Vorrede zur *Phänomenologie* so wirkungsvoll kritisiert hatte. Ein großer Teil des philosophischen Spezialistentums von heute, das in der Abgeschlossenheit universitärer Institute lebt, die sich fast ausschließlich mit epistemologischen, historiographischen oder logischen Fragestellungen und dergleichen beschäftigen, setzt sich diesem Risiko der »Unwirklichkeit« aus, um es noch einmal mit Hegel zu sagen. Die Philosophie kann also heute die gesellschaftliche Vitalität der Religion nicht mehr als eine Erscheinung kultureller Rückständigkeit betrachten, die durch die Schläue der Priester begünstigt wird, oder als Ausdruck einer ideologischen Entfremdung, die mit der Revolution und der Abschaffung der Arbeitsteilung überwunden werden müßte. Sie kann und muß aber, indem sie sich als Teil desselben historischen Prozesses erkennt, der die Rückkehr der Religion begünstigt, die ihm innewohnenden Grundlagen erfassen, um seine Ergebnisse kritisch zu bewerten. Ganz summarisch gesagt: Die Philosophie hat die Gründe für den Atheismus verloren und kann also der religiösen Erfahrung eine Legitimität zuerkennen, dies aber nur insofern, als sie das Ende der Metaphysik und die Auflösung der Metaerzählungen berücksichtigt. Der kritische Verstand hat nunmehr auch die Idee der Entmythologisierung entmythologisiert, insofern er auf den Spuren Nietzsches entdeckt hat, daß auch der Anspruch einer endgültigen Wahrheit, die frei von Mythen und von den Schleiern der Ideologie ist, einen Mythos und eine ideologische Repräsentation darstellt. Damit ist sie aber nicht in der Lage, einfach zu den Mythen zurückzukehren und jede beliebige Lüge der Ideologie zu legitimieren. Die verschiedenen religiösen oder ethnischen oder sonstwie gearteten Fundamentalismen, die in unserer Welt aus dem Boden schießen, legitimieren sich philosophisch häufig eben im Namen des Endes der globalen Metaerzählungen. Es ist heute eine Art relativistischer Fundamentalismus verbreitet, der sich politisch im Kommunitarismus ausdrückt und dem zufolge es nach dem Ende der Metaerzählungen nichts anderes gibt als die Erscheinungen und die Wahrheit allein als Entsprechung zu den Paradigmen der jeweiligen eigenen Gemeinschaft zu bewerten ist. Die Renaissance der Religion wird oft von diesen Haltungen begleitet, und sie stellt sogar ihre Kraft und ihren bestimmenden Hintergrund dar.

Die Frage des Relativismus, die, als theoretisches Problem gesehen, von vielen zu Recht als ganz marginal eingeschätzt wird, erhält nur dann einen Sinn, wenn man sie in Beziehung zu diesen ihren fundamentalistischen und kommunitaristischen Implikationen setzt. Die Frage, welche sich die Philosophie stellen muß, lautet: hat das Ende der Metaphysik als logisches Resultat nur die Legitimierung der Rückkehr zum Mythos und zu den kommunitären Zugehörigkeiten? Gibt es keine universale Wahrheit, müssen wir also den lokalen Wahrheiten freien Lauf lassen, zwischen denen es letztlich keinen Dialog geben kann, sondern nur eine prekäre Toleranz oder eine gewisse Form der Apartheid?

Ich glaube, daß der Leitfaden der Auflösung der Metaphysik, der die Philosophie von neuem für die Möglichkeit der Religion öffnet, insofern er die starken Gründe für den Atheismus auflöst, auch in der Lage ist, ein Kriterium zu liefern, um diesen irrationalistischen Konsequenzen zu entgehen. Die Metaphysik – ich verwende diesen Terminus hier in dem Sinne, den er für Heidegger hat, das heißt: ein Denken, welches das Sein mit der Objektivität und dem Fundament gleichsetzt – geht nicht deshalb zu Ende, weil eine wahrere Wahrheit entdeckt wird, die sie Lügen straft. Es ginge sonst nur um eine weitere Letztbegründung, die für wahrer gehalten wird. Die Metaphysik, die Metaerzählungen gehen deshalb zu Ende, weil sie nicht mehr notwendig und glaubwürdig sind, so wie der moralische Gott Nietzsches, welcher stirbt, weil seine Gläubigen selbst ihn als überflüssige Lüge erkennen. Der Prozeß der Auflösung der Metaphysik ist derselbe, der die Moderne und die Spätmoderne hervorgebracht hat: Die Technologie erleichtert die Existenz derart, daß sie die Frage nach den letzten Dingen weniger beängstigend macht; die experimentelle Wissenschaft, die übrigens dem technologischen Fortschritt zugrunde liegt, führt auch zu einem nüchterneren Denken, das mehr auf das Naheliegende als auf die ersten Prinzipien gerichtet ist und dessen Resultate sich immer weniger auf die Einheit eines einzigen Fundaments reduzieren lassen und die Metaphysik immer unwahrscheinlicher machen. Die Strukturen der Gesellschaft werden weniger starr, an die Stelle der natürlichen Gemeinschaft tritt eine komplexe und verzweigte Gesellschaft, mit der sich der einzelne immer weniger unmittelbar identifiziert. Die politische Macht entwickelt sich hin zu demokratischen Formen, sie nimmt eine weniger direkte und weniger »zentrale« Physiognomie an. Die individuelle Subjektivität selbst erscheint, zumindest seit Freud, als zusammengesetztes Ensemble, in dem alles Ultimative als Provisorium erscheint und also jede Möglichkeit einer Interpretation von einem Fundament her ausgeschlossen wird.

Diese Prozesse, welche die Substanz der Moderne darstellen und die wahre Grundlage für die Auflösung der Metaphysik sind, lassen sich, wie mir scheint, in ihrer Gesamtheit als Prozesse der Schwächung beschreiben. Nur in diesem Rahmen berücksichtigt das Denken, daß es keine starken Gründe für den Atheismus gibt, und öffnet sich von neuem der Möglichkeit der Religion. Doch die Religion, die auf diese Weise wiederentdeckt wird, hat nichts zu tun mit der dogmatischen, hart disziplinären und strikt antimodernen Religion, die sich in den verschiedenen Formen des Fundamentalismus und vor allem im Katholizismus von Papst Johannes Paul II. ausdrückt. Sie kann keine Religion der Rückkehr zur Metaphysik sein, sondern nur ein Ergebnis der Auflösung der Metaphysik. Also, um beim Katholizismus Wojtylas zu bleiben, gewiß nicht die Wiedergewinnung jener natürlichen, essentialistischen Ethik, die beispielsweise die päpstlichen Predigten über Familien- und Sexualmoral inspiriert und die so weit geht, in Zeiten von grassierendem AIDS das Kondom zu verbieten. Wenn die Religion, die sich in unserer Kultur darstellt, ihrer Möglichkeitsbedingung treu sein will, welche das Ende der Metaphysik ist, muß sie die Idee aufgeben, sie könne die religiöse Ethik auf die Kenntnis der natürlichen Essenzen, die als Norm aufgefaßt werden, gründen, und mehr auf den freien dialogischen Vertrag achten. Was gewiß nicht im Vakuum des individuellen Ermessens geschieht, sondern weniger absolute und mehr historisch bedingte Wahrheiten vorbringt und sich durch die Mobilisierung der Kultur, die man miteinander teilt, und der Kritik an ihr auf Grund immanenter Kriterien konstruiert.

Der Leitfaden der Schwächung – des kategorischen Charakters letzter Wahrheiten; der Gewißheit der Evidenz des Bewußtseins; der Heiligkeit der Macht, auch derjenigen des Papstes, und so weiter und so fort ... – kann wirksam als internes Kriterium gelten, das sich in der Moderne als Logik der Auflösung der Metaphysik zeigt, auf die zu antworten das kritische Denken sich »verpflichtet« fühlt.

Bis zu welchem Punkt stellt aber die Annahme dieses Leitfadens als Kriterium für die ethischen Entscheidungen und für die allgemeine Interpretation der Moderne auch eine Rückkehr zur Religion dar? Es ist nicht unwahrscheinlich, muß aber hier lediglich als Bemerkung stehenbleiben, daß das Denken – ich spreche hier natürlich vom abendländischen Denken –, wenn es sich anschickt, diesen Leitfaden aufzunehmen, sich in ununterbrochener Kontinuität zur christlichen Tradition sieht, die eben von ihren metaphysischen und, was dasselbe ist, kirchlichen und disziplinären Verkleidungen befreit ist. Einen Gang der Geschichte als auf dem Wege über die Aufzehrung der starken Strukturen – des Denkens, des individuellen Bewußtseins, der politischen Macht, der sozialen Bindungen, der Religion selbst – auf die Emanzipation gerichtet denken, wird das nämlich nicht eine Art und Weise sein, von der Geschichtsphilosophie her die christliche Botschaft der Fleischwerdung Gottes, die beim hl. Paulus auch *kénōsis*, also Erniedrigung, Demütigung, Schwächung Gottes heißt, zu übersetzen? Das ist kein so neuer Gedanke, ihn hat mehr oder weniger in diesen Begriffen schon Hegel formuliert; sie findet sich auch in der Rekonstruktion wieder, die gegen Ende des 19. Jahrhunderts Wilhelm Dilthey von der Geschichte der Auflösung der abendländischen Metaphysik gibt, für die seiner Ansicht nach das Christentum einen entscheidenden Faktor darstellte.[1]

Mit all ihren Grenzen kann eine derartige Perspektive mit gutem Recht den Horizont definieren, in dem sich die Wiederaufnahme des Dialogs zwischen Philosophie und Religion in der westlichen Welt bewegen müßte, und auch die philosophische Kritik der fundamentalistischen abergläubischen Haltungen anregen, die ihn in unserer Gesellschaft allzuoft zu vereiteln drohen.

7
Christentum und kulturelle Konflikte in Europa

Viele Anzeichen deuten darauf hin, daß das Verhältnis zwischen Christentum und kulturellen Konflikten – oder der Möglichkeit, daß sich diese verschlimmern oder verschärfen – nicht als Verhältnis der Beruhigung aufgefaßt wird. Ich möchte sagen, daß ein Titel wie dieser – Christentum und kulturelle Konflikte in Europa – heute schwerlich von jemandem auf den ersten Blick so verstanden würde, als beziehe er sich auf das Christentum als Quelle von Befriedung, Besänftigung usw. der kulturellen Konflikte. Zumindest in erster Annäherung denkt man sogleich, daß das Christentum wenn nicht als spezifische Quelle von Konflikt, so doch zumindest als eine der Parteien erscheint, die in Konflikt zueinander geraten. Mit anderen Worten: Die Existenz einer christlichen Tradition als konstanter, wenn auch vager und in seinem Sinn nicht eindeutig bestimmter Unterbau in der westlichen Welt stellt, anstatt ein Element der Schlichtung der Konflikte zu sein, einen für diese konstitutiven Aspekt dar (oder ist zu einem solchen geworden), wenn sie nicht geradezu ein Umstand ist, der die Konflikte fördert und zu verschärfen droht. Es verhält sich hier ein wenig so wie bei der Interpretation der Beziehung zwischen Religion und Politik: Wie in einigen Debatten festgestellt wurde, ist es fast »natürlich«, daß die Beziehung zwischen Religion und Politik als Gefahr für die Autonomie der Politik empfunden wird und selten oder fast nie als Möglichkeit, daß die Religion positiv dazu beiträgt, die Politik zu bereichern und zu bessern. Mir erscheint es offenkundig, daß wir hier Auswirkungen bestimmter historischer Erfahrungen vor uns haben. Im Falle des Begriffspaars Religion und Politik liegt der »defensiven« Form des Verständnisses ihrer Beziehung wahrscheinlich die italienische Erfahrung zugrunde (aber vielleicht nicht allein diese, wenn auch mit unterschiedlichen Physiognomien), die durch eine lange Epoche der »Einmischung« der Religion oder besser der katholischen Kirche in das Leben der Italiener gekennzeichnet ist. Was das Verhältnis zwischen Christentum und kulturellen Konflikten angeht, entsteht die Idee des Risikos, daß die christliche Tradition Teil des Konflikts ist oder geradezu dazu beiträgt, ihn zu fördern, wahrscheinlich mit dem Ende des Eurozentrismus. Wir denken nicht mehr, daß die europäische Zivilisation die natürliche und normale Entwicklung aller menschlichen Kulturen darstellt, welche sie unter sich zu vereinen legitimiert wäre, und so erscheint uns auch das Christentum nicht mehr als die Offenbarung der Wahrheit, welche die Finsternis der »anderen« Kulturen erhellt und sie von ihren Irrtümern oder von ihren Parteilichkeiten befreit: Es ist eine Religion und eine Kultur, die verschiedenen Kulturen und Traditionen gegenübertritt, und somit eine der am Konflikt zwischen Kulturen beteiligten Parteien und nicht, zumindest nicht so offensichtlich, dessen Lösung.

Übrigens scheint auch in der christlichen Welt des Abendlandes das Christentum nicht mehr als einigendes Element zu funktionieren. Hier liegt auch die etwas entlegenere und weniger offenkundige Wurzel des Mißtrauens der Politik gegenüber der Religion: Schon in der westlichen Welt ist die christliche Religion eher Konfliktpartei als ein selbstverständlicher Faktor der Einigung und Befriedung.

Das Mittel, mit dem die westlichen Gesellschaften versucht haben, das Problem eines Christentums zu lösen, das aus einem Element des Zusammenhalts zu einem Konfliktfaktor geworden ist – eine Transformation, die mit dem Beginn der europäischen Moderne überhaupt (protestantische Reformation, Religionskriege) zusammenfällt, die sich aber bis in unsere Tage fortsetzt –, bestand in der »Evakuierung« der religiösen Problematik aus dem weltlichen Bereich. Der Liberalismus hat bedeutet, daß die Religion auf die Privatsphäre oder höchstens auf den Bereich der Zivilgesellschaft beschränkt wurde. Von den Kämpfen um politische Macht und um die Verteilung der ökonomischen Ressourcen ausgeschlossen, erschienen religiöse Entscheidung und religiöse Zugehörigkeit nicht mehr als Bedrohung für den sozialen Frieden. Doch in dem Augenblick, in dem der kulturelle Konflikt neue religiöse Subjekte, und das heißt die anderen Kulturen, die sich in der Zwischenzeit bei uns niedergelassen haben, beteiligt sieht, funktioniert da diese liberale Lösung des Problems noch? Kann man sie als Modell für die Behandlung der interkulturellen Konflikte nehmen?

Die Antwort kann schwerlich bejahend ausfallen. Die Situation scheint vielmehr folgende zu sein: Der weltlichen Sphäre der Politik, die sich in den liberalen Gesellschaften des Abendlandes recht fest etabliert zu haben schien, gelingt es nicht mit gleicher Sicherheit, die »anderen« Kulturen (oder zumindest einige von ihnen), die heute in unserer Gesellschaft anwesend sind, friedlich in sich aufzunehmen; sie neigen dazu, auch die Weltlichkeit des politischen Raumes als Bedrohung für ihre Authentizität anzusehen und sie daher nicht als positive Voraussetzung von Freiheit zu betrachten, sondern als negative Begrenzung, die man zurückweisen muß. In Erinnerung ist wohl noch, als sinnbildliches Beispiel, die Geschichte des Verbots des *Schadors* in den öffentlichen Schulen in Frankreich.

Um einen weltlichen Zustand herzustellen, in dem die religiöse (oder irreligiöse) Freiheit jedes einzelnen garantiert sein muß, verbietet man den (allzu) sichtbaren Gebrauch von Uniformen, charakteristischen Zeichen und dergleichen, die gerade als allzustark ausgeprägte Behauptungen einer kulturellen Identität Anlaß zu Konflikten geben könnten. Doch wie sich leicht erkennen läßt, ist hier die kulturelle Identität, die angeblich allzu nachdrücklich behauptet wird, eine andere, minoritäre Identität, die einer stärker verwurzelten lokalen Tradition relativ fremd gegenübersteht. Vergleicht man das Verbot des *Schadors* mit der nahezu allgemeinen Akzeptanz christlicher Symbole in den europäischen Schulen (das Kruzifix an der Wand des Schulraums wird, sieht man von einstweilen zahlenmäßig begrenzten Fällen ab, meist nicht beanstandet), kann man sich über die Wesenszüge unserer Situation klarwerden, die mir herausragend zu sein scheinen. Die europäische Gesellschaft ist im großen und ganzen weltlich und säkularisiert, aber dies auf Grund eines ziemlich ausgeprägten christlichen Erbes, und das wird evident, wenn man es mit Personen oder Gruppen aufnimmt, die in andersartigen Traditionen verwurzelt sind und unseren Laizismus als zutiefst durch einen spezifischen religiösen Ursprung geprägt wahrnehmen. Der Liberalismus hat geglaubt, die Religion beiseite zu schieben, indem er ihr den Raum des Privaten, des Gefühls, des Glaubens, der sich nicht in die politischen Entscheidungen und in die normale Dialektik der Macht »einmischt«, vorbehielt, aber diese Trennung gelang nur deshalb, weil sie sich auf einer soliden, wenn auch nicht anerkannten Grundlage einer gemeinsamen religiösen Zugehörigkeit verwirklichte.

Die weltliche Sphäre, in der die Religion aufgehört hat, ein Konfliktfaktor zu sein, hat sich im modernen Abendland in einer umfassenderen und weniger anerkannten religiösen Sphäre christlicher oder jüdisch-christlicher oder biblischer Herkunft verwirklicht. All das kann man auf vielerlei Weise ausdrücken: beispielsweise mit der Anerkennung, daß die Säkularisierung, welche die Moderne charakterisiert (so wie die kapitalistische Rationalisierung, die Weber mit der protestantischen Ethik und dem biblischen Monotheismus verknüpfte), ein Phänomen darstellt, das für die christliche Welt typisch ist. Oder auch, wenn man berücksichtigt, daß, mit einem weiteren Paradox, die Idee des Pluralismus der Kulturen selbst in einer spezifischen Kultur, der des Abendlandes, existiert und sich entwickelt hat.

Wahr ist aber, daß die klassische Form, in der sich die Idee der Pluralität der menschlichen Kulturen im modernen Abendland entwickelt hat, jene eurozentrische ist, die heute nicht mehr annehmbar erscheint. Sie setzte die anderen Kulturen auf eine Evolutionslinie, deren höchsten Punkt die christliche Kultur des Abendlandes bildete. Die heidnischen Völker mußten zum Christentum bekehrt werden, und die »primitiven« Gesellschaften mußten zu modernen Gesellschaften werden, das heißt zu solchen, die nach westlichem Vorbild ausgerichtet und auch in weltlichem, liberalem, demokratischem Sinne charakterisiert waren. Diese evolutionistische Sicht der menschlichen Geschichte, die vom Ideal der Emanzipation als Verwestlichung, Modernisierung und Christianisierung geleitet war, geriet nicht allein oder in erster Linie aus theoretischen Gründen in eine Krise, sondern vor allem infolge des Niedergangs des Kolonialismus und zahlreicher Formen des Imperialismus.

Wenn wir heute feststellen, daß sich das Christentum nicht mehr als Faktor der Überwindung interkultureller Konflikte darstellt oder zumindest nicht mehr mit derselben Selbstverständlichkeit wie einst als solcher angesehen wird, dann ist dies auch und vor allem deshalb der Fall, weil die universalistische Sicherheit der modernen westlichen Vernunft gefallen ist, die, wenngleich unbewußt, eine säkularisierte Übersetzung des jüdisch-christlichen Glaubens an den göttlichen Heilsplan war. Derjenige Teil des christlichen Denkens, der diese Übersetzung immer in säkularen Termini als Verrat an der Wahrheit und als ihre Preisgabe angesehen hat, begrüßt das gegenwärtige Scheitern des westlichen »Rationalismus«. Doch dieses Scheitern hat zur Folge, daß das Christentum heute dazu neigt, sich eher als Partei des kulturellen Konflikts denn als Faktor seiner Überwindung und Versöhnung darzustellen. Die Frage, die sich somit stellt, ist um so drängender, als wir, wenn wir vom Christentum sprechen, auch weiterhin von liberaler Gesellschaft, vom Abendland, von moderner Demokratie reden. Wahr ist, daß die christliche Zivilisation ihre universalistischen Ansprüche erhoben hat und es dabei zuließ, daß diese durch die Pläne des Kolonialismus und des Imperialismus getrübt wurden und sich mit ihnen vermischten. Muß aber mit dem Kolonialismus und dem Eurozentrismus notwendig auch jede Form des Universalismus der Vernunft und jeder Traum einer »universalen« menschlichen Zivilisation zu Ende gehen?

Die These, die ich verfechten möchte, lautet: a) heute gibt es offenkundige Anzeichen dafür, daß in vielen christlichen Gemeinschaften (in den verschiedenen Kirchen und Konfessionen) die Versuchung um sich greift, dem durch den Eurozentrismus des modernen westlichen Denkens und der modernen westlichen Politik kompromittierten Universalismus Formen der Abschließung entgegenzusetzen, die von verschiedenen Arten von Kommunitarismus (mit der Kehrseite einer gewissen Apartheid der Kulturen) bis hin zu regelrechtem Fundamentalismus reichen, der nicht selten für gewaltsame Konsequenzen offen ist; b) in dem Glauben, sich damit den pervertierten Konsequenzen des modernen Rationalismus, der Säkularisierung usw. zu entziehen, verzichtet das Christentum in Wirklichkeit auf seine zivilisatorische Mission, die es allein dadurch wiedergewinnen könnte, daß es in Formen, die gewiß nicht mehr evolutionistisch und imperialistisch sind, die eigene tiefe Solidarität mit dem Schicksal der Modernisierung wiederfindet.

Es ist, als ob die Alternative, vor der das Christentum heute steht (und ich bin mir durchaus darüber im klaren, daß es sich um einen generischen Terminus handelt: meint man damit die katholische Kirche? die christlichen Kirchen? das Denken der Gläubigen? Von allem etwas), die wäre: entweder das Schicksal der Moderne (und das ihrer Krise, ihres Übergangs zur Postmoderne) auf sich zu nehmen oder aber die eigene Fremdheit ihr gegenüber zu behaupten. Entschiede man sich aber für diesen zweiten Weg – und es gibt Anzeichen dafür, daß eine derartige Versuchung besteht –, dann würde man darauf verzichten, eine Welt und eine Zivilisation zu sein, um wieder das zu werden, was man vielleicht ursprünglich war, nämlich eine Sekte unter mehreren und ein objektiver Faktor der gesellschaftlichen Zersetzung unter anderen.

Das Schicksal der Moderne, das Schicksal des Abendlandes auf sich zu nehmen bedeutet auch, vor allem, die zutiefst christliche Bedeutung der Säkularisierung anzuerkennen.

Kehren wir zu dem zurück, was ich oben bemerkt habe: Die weltliche Sphäre des modernen Liberalismus ist religiöser, als der Liberalismus selbst und das christliche Denken anzuerkennen geneigt sind. Eine unmittelbare Konsequenz dieser Beobachtung ist, daß es für das Christentum keinen Sinn hat, sich im neuen Raum der interkulturellen Konflikte anzusiedeln und sich als starke Identität zu konstituieren. Seine Berufung liegt eher darin, die eigene Physiognomie im Sinne von Ursprung und Möglichkeitsbedingung der Weltlichkeit zu vertiefen.

Was ich – und sei es angesichts des keineswegs linearen Charakters des Problems auch mit Mühe – zu behaupten versuche, ist, daß die postmoderne Auflösung der Metaerzählungen, und das heißt die Diskreditierung des für die Moderne charakteristischen Universalismus der Vernunft, auch das Christentum dazu führt, sich als bloßes Element in einem Konflikt zwischen Kulturen, Religionen und Weltanschauungen zu fühlen. Ein Kommunitarismus mit religiöser Tendenz und Fundamentalismen unterschiedlicher Art (einschließlich desjenigen, der manchmal auch in der offiziellen Lehre der katholischen Kirche durchschimmert) scheinen mir dieser neuen Haltung zu entsprechen, die sich stillschweigend dadurch legitimiert fühlt, daß sie mit den imperialistischen und kolonialistischen Implikationen des Universalismus und des Rationalismus aufklärerischer Prägung abgeschlossen hat. Nun ist es wohl wahr, daß, wie die zeitgenössische Hermeneutik existentialistischer Herkunft (von Heidegger bis zu Gadamer und Pareyson) lehrt, die Voraussetzung für jeden authentischen Dialog die ist, daß jeder der Gesprächspartner explizit die eigene Bedingung einer beteiligten Partei übernimmt, sich und dem anderen Gesprächspartner über die eigenen Vorurteile oder, allgemeiner, über die eigene Identität Rechenschaft ablegt, ohne sich von Anfang an als derjenige zu fühlen, welcher mehr weiß und den Dialog zu vorhergesehenen Ergebnissen lenken kann, von denen man bereits weiß, daß sie »wahr« sind (dies ist beispielsweise ein Motiv für das Mißtrauen der hermeneutischen Philosophen gegenüber einem bestimmten Konzept des psychoanalytischen Dialogs, in dem vorausgesetzt wird, daß es keine perfekte Symmetrie zwischen den beiden Gesprächspartnern gibt). Doch das christliche Denken, das gegenüber den anderen Kulturen als Gesprächspartner mit gleichen Rechten auftritt, dürfte nicht vergessen, daß es unter den für seine Identität konstitutiven Zügen eben auch und vor allem das Erbe des Universalismus oder, wenn man so will, das Bewußtsein der Pluralität der Kulturen und die Idee einer weltlichen Sphäre gibt, in der sie einander gegenübertreten können. Um in authentischer Weise als Gesprächspartner des Dialogs aufzutreten, kann das Christentum von eben diesem wesentlichen Aspekt seines Erbes und seiner Identität nicht absehen. Um seine spezifische Authentizität zu respektieren, wird es wichtig, daß das Christentum, wenn es in den interkulturellen Dialog eintritt, sich als der Träger der Idee der Weltlichkeit darstellt, welche die Idee des Universalismus der Vernunft selbst ist, die ihrer akzidentiellen – wenngleich tief verwurzelten und schwerwiegenden – Verwicklungen in die Ideale des modernen Kolonialismus und Imperialismus beraubt ist. Das aber bedeutet, daß das Christentum, anstatt sich als eine Religion unter mehreren zu »identifizieren« und seine charakteristischen Merkmale – sowohl auf der dogmatischen Ebene als auch auf der Ebene der Moralpredigt und des disziplinarischen Zusammenhalts – zu verstärken, seine weltliche Berufung entwikkeln müßte, diejenige, die sich bereits darin manifestiert hat, daß es die Entstehung der Idee der Weltlichkeit in der europäischen Moderne möglich gemacht und begünstigt hat. Es geht hier darum, einen wesentlichen Aspekt des Christentums als solchen und nicht eines seiner akzidentiellen säkularisierten Merkmale anzuerkennen: Im Unterschied zu anderen Religionen hat das Christentum von Anfang an eine äußerst starke missionarische Komponente gehabt, die sehr deutlich in den Predigten Jesu hervortritt, welcher die Apostel entsendet, damit sie allen Geschöpfen das Evangelium predigen. Die Form, die das missionarische Ideal in der Moderne angenommen hat, war zwar die des häufig nicht allein als betrübliche Notwendigkeit eingegangenen Bündnisses mit dem europäischen Imperialismus. Doch zu gleicher Zeit führte der christliche Universalismus auf Grund der schrecklichen Erfahrungen der Religionskriege in Europa auch zur Entdeckung der Idee der Toleranz und zur Erfindung einer »weltlichen« Sphäre, in der es zu einer freien Begegnung der verschiedenen religiösen oder irreligiösen Positionen kommen konnte, die sich mittlerweile in der modernen Gesellschaft abgezeichnet hatten. Es ging darum, und es geht auch heute noch darum, in der christlichen Botschaft nicht nur und nicht ausschließlich die Liquidierung aller (anderen) falschen und trügerischen Götter wahrzunehmen, sondern – auch ausgehend von dem berühmten Wort Jesu: »Gebt dem Kaiser, was des Kaisers ist«, und von jenem anderen: »Mein Reich ist nicht von dieser Welt ...« – unterschiedlichen religiösen Erfahrungen eine Sphäre der Legitimität zu garantieren. Übrigens geschieht es auch bei Denkern, die sich uneingeschränkt als Christen bekennen, nicht selten, daß die Fleischwerdung Christi auch als Legitimierung aller natürlicher Symbole der Gottheit interpretiert wird: Wenn sich Gott in Jesus inkarniert, dann bedeutet das, daß er nicht so radikal von der natürlichen und menschlichen Welt entfernt ist und daß es also auch im Götzendienst vieler »heidnischer« Religionen eine mögliche Wahrheit gibt.

Das Christentum befreit sich von seiner Komplizenschaft mit den imperialistischen Idealen der europäischen Moderne im Anschluß an eine harte historische Erfahrung: die Revolte der ehemals kolonialen Völker, die auch im Namen einer authentischeren Interpretation der Botschaft des Evangeliums gegen ihre »christlichen« Beherrscher rebellieren. Auch die Entdeckung der eigenen »weltlichen« Berufung – die darin besteht, sich vor allem als Förderer von Freiheitssphären für den Dialog zwischen Religionen, Weltanschauungen, idealen Orientierungen und verschiedenen Kulturen darzustellen – ist dem Christentum von der Begegnung seiner missionarischen Berufung mit neuen und unbekannten historischen Erfahrungen »aufgezwungen« worden.

Unter den neuen Bedingungen der Beziehungen zwischen verschiedenen Völkern und Kulturen in der postkolonialen Welt kann das Christentum nicht daran denken, die für es konstitutive missionarische Berufung zu erfüllen, indem es die eigene lehrmäßige, moralische und disziplinarische Spezifizität hervorhebt. Im Gegenteil, es kann nur dann hoffen, am Dialog als Konflikt oder Konfrontation zwischen den Kulturen und den Religionen teilzunehmen, wenn es sich auf seine spezifische (spezifisch deshalb, weil sie sich in den anderen Religionen nicht so ausgeprägt findet) Orientierung an der Weltlichkeit stützt. Man könnte diesen Vorschlag in einer Art Motto zusammenfassen: vom Universalismus zur Gastfreundschaft. Übrigens zeigt die Verbreitung von fundamentalistischen Positionen oder von Formen kommunitaristischer Apartheid meines Erachtens deutlich, daß in der babylonischen Welt des Pluralismus die kulturellen und insbesondere die religiösen Identitäten im Fanatismus zu enden bestimmt sind, sofern sie nicht akzeptieren, in einem ausdrücklich schwachen Geist gelebt zu werden. Die Gastfreundschaft verwirklicht sich – ich berufe mich hier auf Jacques Derrida – nicht anders, als daß man sich in die Hände des eigenen Gastfreundes begibt, sich ihm anvertraut, also, im Falle des interkulturellen oder interreligiösen Dialogs, die Möglichkeit akzeptiert, daß er derjenige ist, der recht hat. Will sich die

Identität des Christen im interkulturellen und interreligiösen Dialog in Form der Gastfreundschaft konkretisieren – indem sie das Gebot der Liebe (*caritas*) anwendet –, dann kann sie nicht umhin, sich fast völlig darauf zu beschränken, zuzuhören und den Gästen das Wort zu lassen.

Ich bin mir darüber im klaren, daß das, was ich hier vortrage, eine folgenreiche und sehr anfechtbare These ist. Doch die Aufgabe, vor der die christliche Welt, und das heißt, das Abendland, heute steht, besteht darin, die eigene universalistische Funktion ohne koloniale, imperialistische und eurozentrische Implikationen wiederzugewinnen. Es läßt sich schwer denken, daß sie diese Aufgabe erfüllen könnte, wenn sie ihre dogmatische, ethische und disziplinarische Besonderheit hervorhebt. Eine derartige Akzentuierung entspricht, so kann man vernünftigerweise behaupten, auch nicht dem Wesen der christlichen Lehre, sondern sie hängt eher von einer gewissen historischen Trägheit der Kirchen als weltlicher Organisationen ab.

Der andere Weg, der sich dem Christentum öffnet, ist die Wiedergewinnung seiner universalistischen Funktion unter Akzentuierung seiner missionarischen Berufung als Gastfreundschaft und als religiöse Grundlegung (so paradox, wie man will) der Weltlichkeit (der Institutionen, der Zivilgesellschaft, überhaupt des individuellen religiösen Lebens). So können, um zu dem Beispiel zurückzukehren, von dem ich oben sprach, die Christen nicht zu gleicher Zeit das Recht geltend machen, das Kruzifix in den öffentlichen Schulen auszustellen, und es als Zeichen einer intensiv dogmatischen besonderen Religion nehmen. Oder noch etwas: In den westlichen Gesellschaften kann man weiterhin Weihnachten als ein Fest aller feiern, aber es hat dann keinen Sinn, sich darüber zu beklagen, daß es ein allzu laizistisches, weltliches Fest geworden ist, das seine ursprüngliche authentischere Bedeutung verloren hat. Im Grunde läßt sich eben das Verbot des *Schadors* für die muslimischen Mädchen in den öffentlichen Schulen in Frankreich nur dadurch rechtfertigen, daß es sich hier um die Behauptung einer starken Identität, um eine Art Bekenntnis zum Fundamentalismus handelt. Das Kruzifix hingegen ist in unserer Gesellschaft zu einem fast selbstverständlichen Zeichen geworden, dem man weniger Aufmerksamkeit schenkt, das die Laizität bestehen läßt und für sie nur einen religiösen Ursprung signalisiert, der sich im Sinne der Säkularisierung entwickelt hat. Eben in dieser seiner generischen, aber auch »öffnenden« und ermöglichenden Bedeutung kann es das Recht beanspruchen, als universelles Symbol in einer weltlichen Gesellschaft akzeptiert zu werden.

Wenn sich die Religionen und vor allem das Christentum wirklich als starke Identitäten darstellen wollen, dann wird es unvermeidlich sein, daß die liberale Gesellschaft ihre Laizität nur mit einer fortschreitenden Reduzierung der Sichtbarkeit jeglichen religiösen Symbols im zivilen Leben manifestiert, um nicht die Reaktion dieser oder jener Minderheit oder jedenfalls die von »anderen« Religionen und Kulturen herauszufordern. Auf diese Weise werden wir schließlich unter anderem einen großen Teil der Museen des Abendlandes schließen und überhaupt auf die westliche kulturelle Tradition verzichten müssen, die so voller religiöser Symbole ist und sich von ihnen nicht trennen läßt. Man muß vielmehr eine freie und intensive Koexistenz vielfältiger symbolischer Universen begünstigen – sicher auch, indem man als Modell symbolischer Demokratie gerade das Museum mit seiner Nebeneinanderstellung unterschiedlicher Stile, Geschmacksrichtungen und Kulturen nimmt – und dies in Übereinstimmung mit einem Geist der Gastfreundschaft, der sowohl den weltlichen Charakter der abendländischen Kultur als auch seine tiefreichende christliche Herkunft gut zum Ausdruck bringen würde. Um aber zu diesem Punkt zu gelangen, müssen die Religionen und das Christentum in erster Linie sich selbst nicht mehr in der dogmatischen und tendenziell fundamentalistischen Form leben, die sie bislang charakterisiert hat. Auch in diesem Sinne läßt sich sagen, daß entgegen jeder beschränkt laizistischen Erwartung die Erneuerung unseres zivilen Lebens im Abendland in der Epoche des Multikulturalismus vor allem ein Problem der Erneuerung des religiösen Lebens ist.

8
Die christliche Botschaft und die Auflösung der Metaphysik

Man könnte, in ganz allgemeiner Perspektive, sagen, daß das, was in den 2000 Jahren geschehen ist, die uns von jenem geheimnisvollen Ereignis trennen, auf das sich unsere Kalender beziehen, die bis hin zur Auflösung gehende fortschreitende Aufzehrung der Gültigkeit des berühmten Mottos *amicus Plato sed magis amica veritas* ist (das die antiken Biographen Aristoteles zuschreiben). Erinnern wir uns daran, daß sich ein Ausdruck dieser Auflösung beispielsweise bei einem Autor wie Dostojewskij findet. Dort, wo von der Wahl zwischen Christus und der Wahrheit die Rede ist (*Die Dämonen*, T. II, Kap. 7), legt Schatow dies Stawrogin in den Mund, aber in einem Brief spricht Dostojewskij das auch in seinem eigenen Namen aus. Doch nicht nur im Namen der Liebe zu Christus wird dieser Satz negiert oder umgekehrt; Dostojewskij stellt nämlich einen paradoxen Fall dar, weil das christliche Denken im allgemeinen, ausgehend von den Worten Jesu »*ego sum via, veritas et vita*«, eher die Neigung gehabt hat, Christus mit der Wahrheit – verstanden im klassischen Sinne der Übereinstimmung mit einem Sachverhalt – gleichzusetzen und demnach die Möglichkeit einer wie auch immer gearteten Alternative zwischen den beiden Termini zu leugnen. Vielleicht liegt hier der Sinn der *außergewöhnlichen* Stellung Dostojewskijs im christlichen Denken oder *für* das christliche Denken (ich denke an die Studien meines Lehrers Luigi Pareyson[1]). Abgesehen von Dostojewskij ging die klassische

Linie des Christentums dahin, die Wahrheit als exakte und objektive Beschreibung der »Realität« mit der Wahrheit gleichzusetzen, welche Christus ist. Wenn die Wahrheit die Macht hat, uns zu befreien, dann deshalb, weil wir nur, wenn wir wissen, was die Realität ist, uns befreien können (aber wovon? gewiß nicht von der Wahrheit als Realität selbst, so unangenehm und bedrückend sie auch sein mag . . .). Die Erlösung (»*Redimisti nos domine, deus veritatis*«, lautet ein Gebet des römischen Breviers) bestünde also darin, daß man das Sein selbst als das »sieht«, was es ist: *amor dei intellectualis* würde man also mit Spinoza sagen. Der traditionelle Gedanke, daß das ewige Leben in der Anschauung Gottes (von Angesicht zu Angesicht) besteht, ist nämlich in einem spinozianischen Sinn interpretiert worden, der die Seligkeit letztlich mit der vollkommenen Kenntnis der Geometrie gleichsetzt. Hätte sich die zweite Person der heiligen Dreieinigkeit zu diesem Zweck inkarniert und am Kreuz geopfert?

Ausgehend von diesen Reflexionen läßt sich leicht erkennen, daß eher Dostojewskij mit seinem Paradox der Entscheidung für Christus auch gegen die Wahrheit derjenige christliche Denker ist, der dem Sinn des Evangeliums mit größerer Treue folgt. Doch mehr noch als bei Dostojewskij und auf eine gewiß noch paradoxere Weise muß diese Treue zum Evangelium bei Nietzsche, in seiner Verkündung des Todes Gottes, gesucht werden. Nicht nur wiederholt diese Verkündung in buchstäblichem Sinne einfach die Evangeliengeschichte von der Kreuzigung, sondern angesichts der Tatsache, daß der Gott, welcher tot, von seinen Gläubigen ermordet ist, zu Recht und ausschließlich der moralische Gott ist – der oberste Garant dieser (geometrischen) Weltordnung ließ den sterbenden Sokrates sagen, der gerechte Mensch habe nichts zu fürchten, weder in diesem Leben noch nach dem Tode –, wäre vor allem er, also Nietzsche, derjenige, bei dem sich die radikalste Äußerung des »Dostojewskijschen« Paradoxes finden wird.

Nietzsche faßt dieses Paradox nicht als ethische Alternative auf, vor die jedes Individuum auf seinem Weg zum Heil gestellt wäre, er sieht vielmehr den Tod Gottes, und in dieser Richtung schlage ich vor, ihn hier aufzufassen, als den Sinn der Geschichte Europas, des Abendlandes, der »christlichen« Moderne überhaupt. Der Tod des »moralischen« Gottes ist das Ende der Möglichkeit, die Wahrheit der Freundschaft vorzuziehen, weil dieser Tod bedeutet, daß es keine »objektive«, ontologische usw. Wahrheit gibt, die den Anspruch erheben könnte, nicht einfach der Ausdruck einer Freundschaft oder eines Willens zur Macht, einer subjektiven Bindung zu sein ... Auch diejenigen, welche *magis amica veritas* sagen, tun es aus Liebe zu jemandem, zu sich selbst vielleicht, zu der Tradition, die in ihnen spricht, aus »menschlich allzumenschlichen« Motiven, die Nietzsche auf den Spuren der französischen Moralisten so hartnäckig analysiert hat. Freundschaft, Wille oder wiederum, mit Pascal gesprochen, Gründe des Herzens.

Wenn der europäische Nihilismus (wie es in dem berühmten Fragment dieses Titels heißt, das im Sommer 1887 in Lenzerheide geschrieben wurde[2]) das Ende des Glaubens an eine objektive Ordnung der Welt ist, die den Glauben an eine Wahrheit jenseits irgendeiner Freundschaft oder Feindschaft rechtfertigen würde, dann ist das, was Nietzsche nicht sieht (nicht sehen will oder nicht sehen kann – immer noch infolge seiner eigenen Feindschaften: Pastorensohn, im Schatten der Kirche aufgewachsen, wie er es in einem seiner autobiographischen Fragmente festhält), daß dieser Nihilismus nicht allein der »nietzscheanische« Sinn des Todes Gottes, sondern auch derjenige des Todes Jesu ist, von dem das Evangelium spricht. Oder, anders ausgedrückt, das, was Heidegger als das Ende der Metaphysik bezeichnet. Dieses Ende erfüllt sich, wie wir wissen, für Heidegger zu Recht in dem Nihilismus Nietzsches und in dem historisch-geschickhaften Phänomen, welches die Lehre Nietzsches erkennt, beschreibt und verkündet. Vom nietzscheanisch-heideggerianischen Standpunkt aus, auf den ich mich stelle, ist der Nihilismus der Verlust des Glaubens an eine objektive Wahrheit zugunsten einer Perspektive, welche die Wahrheit als Wirkung von Macht begreift – in den vielfältigen Bedeutungen dieses Ausdrucks: wissenschaftliches Experimentieren, welches das *principium reddendae rationis* verwirklicht –, da sie ja das Fundament ist, das auf dem aktiven Willen der Subjekte beruht, die das Experiment konstruieren, und derjenigen, die es im Rahmen eines wenn nicht willkürlichen, so doch gewiß historischen Paradigmas als gültig akzeptieren; Ideologie, die von den Angehörigen einer Klasse für wahr gehalten wird; Lüge von Mönchen, die erfunden worden ist, um die Macht und die gesellschaftliche Disziplin zu rechtfertigen.

In welchem Sinn läßt sich all dieses Aufzehren der objektiven Wahrheit im Ausdruck verschiedener Freundschaften – und somit in den »Gründen des Herzens« – als Auswirkung des Todes Christi betrachten, als eine Entwicklung jenes geheimnisvollen Ereignisses, das unserer modernen Zeitrechnung zugrunde liegt?

Der Autor, der uns am besten dabei helfen kann, diese Frage zu beantworten, oder auf den man meines Erachtens zumindest Bezug nehmen muß, ist Wilhelm Dilthey, der gewiß das Erbe Hegels aufnimmt, aber mit Modernisierungen, die seine Geschichtsphilosophie weniger rigide und systematisch machen. Im zweiten Teil des großen unvollendeten Werkes, das einer *Einleitung in die Geisteswissenschaften* gewidmet ist, umreißt Dilthey eine Geschichte der europäischen Metaphysik, die in zwei Stadien zerfällt: das metaphysische Stadium der Alten und dasjenige der Modernen, wobei es letzterem bestimmt ist, mit der Auflösung der Metaphysik zu Ende zu gehen, die sich in der Kantschen Kritik und in ihren Entwicklungen bis hin zum Diltheyschen Historizismus erfüllt.

Nun ist aber das, was die Metaphysik der Alten von derjenigen der Modernen unterscheidet, die Wende, die sich mit der Ankunft des Christentums einstellt, welches das Zentrum des philosophischen Interesses von der natürlichen Welt in das menschliche Innere verlagert. Der Platonismus ist für Dilthey das Sinnbild der antiken Metaphysik; wenngleich es sich nicht um Naturalismus im strengen Sinne handelt, besteht sein sinnbildlicher Wert darin, daß das Sein (wie später Heidegger sagen wird, dessen Sicht der Geschichte der Metaphysik stark von dieser Diltheyschen Rekonstruktion abhängig ist) von Platon als eine sichtbare Form – Idee, *eidos* – und infolgedessen als eine »äußere« Gegebenheit aufgefaßt wird, die wie eine objektive Form dem Geist vor Augen steht. Das Christentum verschiebt die Aufmerksamkeit des Denkens in Richtung auf das Innere, und indem es dies tut, rückt es unter anderem mehr den Willen als den Intellekt in den Vordergrund. Auf den ersten Seiten des zweiten Buches der *Einleitung* lesen wir: »Wissen war für den griechischen Geist Abbilden eines Objektiven in der Intelligenz. Nunmehr [nämlich im Christentum] wird das Erlebnis zum Mittelpunkt aller Interessen der neuen [*scil.* christlichen] Gemeinden; dieses ist aber ein einfaches Innewerden dessen, was in der Person, im Selbstbewußtsein gegeben ist; [...] die Erfahrungen des Willens und des Herzens verschlingen mit ihrem ungeheuren Interesse jeden anderen Gegenstand des Wissens. [...] Hätte gleich damals dieser Glaube der Gemeinden eine ihm ganz entsprechende Wissenschaft entwickelt, so hätte diese in einer auf die innere Erfahrung zurückgehenden Grundlegung bestehen müssen.«[3]

Das Christentum ist, um es ein wenig rasch, aber sinngetreu zusammenzufassen, die Voraussetzung, welche die Auflösung der Metaphysik und ihre Ersetzung durch die Erkenntnistheorie – das heißt, mit Dilthey gesprochen, durch den Kantianismus – vorbereitet. Die Hervorhebung des Subjekts und die Begründung des Wissens auf der Basis der selbstgewissen Innerlichkeit sind die Prinzipien, welche dann Descartes und Kant inspirieren und die moderne Philosophie beherrschen, die noch lange Zeit eine Metaphysik bleibt, die von einer objektivistischen Sicht auch des Inneren beherrscht wird, da es dem neuen Prinzip der Subjektivität, welches das Christentum eingeführt hat, nicht gelingt, sich sogleich zur Geltung zu bringen: »Aber dieser innere Zusammenhang, welcher in bezug auf die Begründung der Wissenschaft zwischen dem Christentum und einer von der inneren Erfahrung ausgehenden Erkenntnis besteht, hat im Mittelalter eine entsprechende Grundlegung der Wissenschaft nicht hervorgebracht. Dies war in der Übermacht der antiken Kultur begründet, innerhalb deren das Christentum nun langsam sich geltend zu machen begann.«

Der Konflikt zwischen dem »neuen Wein« des christlichen Inneren und der »Übermacht« des »visuellen« oder ästhetischen Objektivismus der Griechen ist im Denken des hl. Augustinus gut repräsentiert. Bei ihm mischt sich die innere Gewißheit der Beziehung der Seele zu Gott mit einer Theorie der *veritates aeternae*, die vom Platonismus und vom Neuplatonismus abgeleitet ist. »Die Seele erschaut durch sich, nicht vermittels des Körpers und seiner Sinnesorgane, das Wahre. [...] Wir sind wieder mitten in der Metaphysik Platos, die wir hinter uns gelassen zu haben glaubten.« »In der inneren Erfahrung des Augustinus sind [...] Elemente gegenwärtig, welche über diesen platonisierenden Zusammenhang zwischen dem Intellekt des Menschen, der Welt und Gott in den *veritates aeternae* hinausreichen; [sie bilden einen Bestandteil der neuen theologischen Metaphysik,] welcher über das Denken des Altertums hinausreicht.« Das, was beim hl. Augustinus geschieht (beachten wir, daß es sich dabei nicht so sehr oder nicht nur um die traditionelle Opposition zwischen Platonismus und Aristotelismus im christlichen Denken handelt, sondern der Konflikt vielmehr zwischen den griechischen, auch und vor allem platonischen Resten und der »kantianischen« Neuheit des Christentums besteht), findet sich in unterschiedlichen Formen und unterschiedlichen Entwicklungsgraden in der gesamten Geschichte der christlichen Philosophie des Mittelalters und der Neuzeit. Der Kampf zwischen der neuen Möglichkeit, die dem Denken vom Christentum geboten wird, und dem Widerstand der Metaphysik setzt sich bis zu Kant fort, der dann schließlich die antimetaphysischen Konsequenzen der Eröffnungsbewegung zieht, die durch die christliche Botschaft repräsentiert wird. Die Gründe für diesen Widerstand sind zahlreich und komplex. Dilthey benennt sie gelegentlich, was Augustinus angeht, in seiner persönlichen Geschichte, die durch neuplatonischen Einfluß gekennzeichnet ist. In allgemeinerer Weise läßt sich für Augustinus wie für die übrigen Kirchenväter und mittelalterlichen Denker der Widerstand der klassischen

Kultur auch mit der sozialen und politischen Verantwortung erklären, welche die Kirche nach dem Untergang des römischen Imperiums zu übernehmen hatte, insofern ihr sowohl die Überreste der antiken gesellschaftlichen Institutionen zufielen als auch die Kultur, deren Ausdruck diese waren. Weiterhin und vor allem konstruierte sich die Kirche sowohl infolge dieser Verantwortung als »Ersatz«, wie man heute sagen würde, als auch als hierarchische Organisation in Gestalt einer rigiden Struktur, die (fatalerweise) auf eine objektivistische Metaphysik und auch auf eingebildete wissenschaftliche Kenntnisse der natürlichen Welt (wie das der Fall Galilei bezeugt) gegründet war.

Diese Sicht der Geschichte des europäischen Denkens als Geschichte eines Kampfes zwischen dem Prinzip der Auflösung der Metaphysik – Innerlichkeit, Wille, Gewißheit des *cogito* –, das vom Christentum in die Welt eingeführt wurde, und, auf der anderen Seite, dem visuell-naturalistischen (ästhetischen) Objektivismus der griechischen Kultur kennzeichnet zutiefst, wie ich bereits gesagt habe, auch und in erster Linie die Heideggersche Sicht vom Überleben und von der Auflösung der Metaphysik. Ich betone vor allem die Tatsache, daß es, expliziter bei Heidegger, aber auch bei Dilthey, überhaupt nicht um einen Kampf zwischen der »natürlichen« (oder in paradoxer Weise »objektiven«) Wahrheit des christlichen Subjektivismus und einer Metaphysik geht, die sich am Ende als eine Verfälschung dieser authentischen Wahrheit erweisen würde. Die christliche Botschaft ist in Wirklichkeit ein historisches Ereignis, nicht die Offenbarung einer ewigen Wahrheit durch Christus. Das, worum es geht, ist der Kampf zwischen zwei historischen Möglichkeiten oder, so könnte man sagen, zwischen zwei Freundschaften. Es ist das, was sich beispielsweise auch, wenngleich in anderen Begriffen, in der *Krisis* Edmund Husserls wiederfindet: die Krise der europäischen Wissenschaften besteht nicht in einem Verrat an einem beanspruchten »natürlichen« Wesenskern der Wissenschaft, den die moderne Wissenschaft aufgegeben und vergessen hätte; es geht (ausschließlich) um das Fehlen von Treue zum Ideal einer »absoluten« und total *begründeten* Wissenschaft (obgleich es hier vielleicht bei Husserl selbst einen Widerspruch gibt), ein Ideal, das in einem bestimmten Augenblick der Geschichte entsteht und auf das wir (aber warum? nur Heideggers Ontologie des *Ereignisses* wird das rechtfertigen können) nicht mehr verzichten können.

Der Rückgriff auf Dilthey erscheint mir wesentlich, um zu verstehen, in welchem Sinne sich das Christentum als der Ausgangspunkt der modernen Auflösung der Metaphysik auffassen läßt. Wenn man erkennt – und das ist der Sinn des Heideggerschen Existentialismus von *Sein und Zeit* –, daß der Kantianismus immer noch eine Form des Augustinismus ist, das heißt, ein Anspruch, die innere Gewißheit auf eine nichthistorische, natürliche und in diesem Sinne objektive Form zurückzuführen (das Kantische Transzendentale, das schon Dilthey in dieser Weise kritisiert hat), dann wird man sehen, daß die radikalsten Erben des antimetaphysischen Prinzips, das von Christus in die Welt eingeführt worden ist, der Nietzsche des Todes Gottes und der Heidegger der Lehre vom *Ereignis* sind. Ein Detail, auf das ich hinweisen möchte, ist, daß etwas zutiefst Christliches auch im Diltheyschen Ende der Geschichte und der Auflösung der Metaphysik liegt, dort wo Dilthey etwa schreibt, daß, auch wenn die Metaphysik als Wissenschaft unmöglich geworden ist, »das Meta-Physische unseres Lebens als persönliche Erfahrung d.h. als moralisch-religiöse Wahrheit [...] übrig [bleibt]. [...]

Nun entziehen sich aber die Erfahrungen des Willens in der Person einer allgemeingültigen Darstellung, welche für jeden anderen Intellekt zwingend und verbindlich wäre.« »Jedoch wie dem sei, wo ein Mensch in seinem Willen den Zusammenhang von Wahrnehmung, Lust, Antrieb und Genuß durchbricht, wo er nicht sich mehr will: da ist das Meta-Physische, welches sich in der dargelegten Geschichte der Metaphysik nur in unzähligen Bildern spiegelte. Denn die metaphysische Wissenschaft ist ein historisch begrenztes Phänomen, das meta-physische Bewußtsein der Person ist ewig.«[4] Es wäre schwierig, wenngleich nicht unmöglich, diese Stelle als kritischen Hinweis zu lesen, der ein Überleben des metaphysischen Objektivismus in der Schopenhauerschen Negierung des Willens identifizieren würde. Es gibt eher eine Zweideutigkeit: Einerseits könnte man argwöhnen, daß die Negation des Ichs und des Willens ein extremes Verfahren sei, um das Objekt dem Subjekt vorzuziehen (was Adorno in einem Kapitel seiner *Negativen Dialektik* tatsächlich der Ontologie Heideggers vorwirft); andererseits läßt der Ton dieser Passage eher daran denken, daß Dilthey diese »ewige Metaphysik«, die sich in jeder Überwindung des Willens zum Leben manifestiert, als etwas Positives, als metaphysischen Rest sieht, im hohen und auch für unsere postkantianische Moderne unüberschreitbaren Sinn: ein Geist der Negation des Willens, der auch einen Begriff inspiriert? (wie es in einer berühmten Stelle in *Identität und Differenz* heißt).

Weshalb aber eigentlich *amicus Plato*? Weshalb die Freundschaft anstelle der Wahrheit? Wir begegnen hier vielleicht einer letzten Erscheinungsform des Kampfes zwischen dem Widerstand des »objektiven Restes« der griechischen Metaphysik und der Kraft der christlichen Neuheit. Ganz summarisch läßt sich sagen, daß der Nihilismus Nietzsches und auch der Ontologismus Heideggers noch zu einem guten Teil Zeugnisse einer Mischung von Christentum und platonisch-griechischem Objektivismus von der Art sind, wie Dilthey sie bei Augustinus wahrnahm (man könnte sich sogar fragen, ob sich nicht hier, für jeden der beiden Denker in unterschiedlicher Weise, eine analoge Präsenz persönlicher psychologischer Elemente äußert – Nietzsche, der Pastorensohn, der sich gegen die Autorität des Vaters, der Schwester usw. auflehnt; Heidegger, der sich von der katholischen Kirche in dem Moment entfernt, in dem er seine akademische Laufbahn beginnt –, eine Präsenz, die sich mit weitgehend politischen und machtorientierten Absichten mischen: ich denke an die letzten Schriften Nietzsches, an seine Briefe an den König und an Regierungsvertreter, sowie an das nationalsozialistische Abenteuer Heideggers ...). Nietzsche und Heidegger bleiben in unterschiedlichem Maße und aus Gründen, die nur in groben Zügen denen des hl. Augustinus ähneln, ebenfalls Gefangene des griechischen Objektivismus und weigern sich, die Implikationen der christlichen antimetaphysischen Revolution bis zum Grund zu entfalten.

Diese Implikationen lassen sich nicht voll entwickeln, ohne daß man auf die *caritas* zurückgreift. Noch einmal ganz schematisch: nur die Freundschaft, die explizit als für Wahrheit entscheidender Faktor anerkannt wird, ist es, die das Denken des Endes der Metaphysik daran hindert, in das zu verfallen, was wir, den Ausdruck Nietzsches aufgreifend, als reaktiven (und häufig sogar reaktionären) Nihilismus bezeichnen könnten.

Ich beschränke mich hier auf eine Skizze – die mir zumindest suggestiv erscheint, auch wenn sie zahlreicher Präzisierungen bedarf. Ich kann nicht umhin, in der zentralen Rolle, die der andere (der Andere? Man stößt hier auf das Problem des theologischen Objektivismus bei Lévinas selbst) in so unterschiedlichen Theorien wie dem Denken von Lévinas und der Philosophie der Kommunikation bei Habermas oder in der Verwendung des Terminus *charity* durch Davidson spielt, eine Bestätigung meiner Hypothese über die zentrale Rolle der *caritas* zu sehen.

Weshalb soll man dann nicht Lévinas, Habermas und Davidson der suspekten Autorität von kontroversen Denkern wie Nietzsche und Heidegger vorziehen? Darauf könnte man, auch diesmal vereinfachend, antworten, daß nur Nietzsche und Heidegger mit ihrer Rekonstruktion (denn auch bei Nietzsche gibt es eine solche: ich denke an das Kapitel »Wie die ›wahre Welt‹ endlich zur Fabel wurde« in *Götzendämmerung*) der Geschichte und der Auflösung der Metaphysik ein strenges philosophisches Fundament für die Theorien bieten, die wie diejenigen von Habermas, Lévinas usw. stärker für die *caritas* offen sind. Deutlicher ausgedrückt: Die Freundschaft kann erst dann zum Prinzip, zum Faktor der Wahrheit werden, wenn das Denken alle Ansprüche auf objektive, universale, apodiktische Begründung aufgegeben hat. Ohne eine authentische Öffnung für das Sein als Ereignis läuft der andere von Lévinas immer Gefahr, sich durch den Anderen (mit großem A) entmachtet zu sehen – auch diesmal eine Wahrheit, welche die Freundschaft zu Platon nur dadurch »rechtfertigt«, daß sie ihn als historisches Individuum unterdrückt. Ein ähnlicher Diskurs scheint für Habermas zu gelten, für den die nicht undurchsichtige Kommunikation, die als normativer Horizont fungiert, nicht auf den Respekt vor dem anderen als solchen gegründet ist, sondern auf die Absicht, den anderen und mich selbst auf eine Idee »transparenter« Rationalität zu reduzieren, die, wenn man sich nicht auf eine rationalistische Metaphysik Kantischen Typs beruft oder sogar eben weil man sie beansprucht, in letzter Instanz nur eine Kolonisierung der Welt des Lebens durch die strategische Rationalität ist, welche die Wissenschaft und die Technik beherrscht.

Die christliche Predigt der *caritas* ist nicht nur oder ist überhaupt nicht eine ethische, ja erbauliche Konsequenz der Offenbarung der »objektiven« Wahrheit von unserem Wesen als Kinder Gottes. Sie ist vielmehr ein Appell, der von der historischen Tatsache der Fleischwerdung herrührt (historisch vor allem nicht so sehr in dem Sinne, daß es sich um ein »reales« Faktum handelt, sondern insofern es in seiner *Wirkungsgeschichte* für unsere Existenz konstitutiv ist) und der zu uns von einer nihilistischen Bestimmung des Seins spricht, von einer Teleologie der Schwächung jeder »ontischen« Rigidität zugunsten eines onto-logischen Seins – das heißt, des *verbum*, des *logos*, des im *Gespräch* gewechselten Wortes, das wir als historische Existierende sind.

Wahrheit als *caritas* und Sein als *Ereignis* sind zwei Aspekte, die sich eng aufeinander beziehen. Die zentrale Rolle des Anderen in zahlreichen philosophischen Theorien von heute nimmt ihre ganze Bedeutung an, wenn wir sie in den Umkreis der Auflösung der Metaphysik stellen, und nur unter dieser Bedingung entgeht man der Gefahr des schlichten erbaulichen oder rein »pragmatischen« Moralismus (»es ist in jedem Falle vorzuziehen, in einer Welt von Freunden zu leben ...«). Mit allen Ungenauigkeiten, die ein derartiger Schluß, auch wenn er provisorisch ist, bestehen läßt, scheint mir, daß man eben an diesem Punkt mit einer Reflexion über das beginnen müßte, was 2000 Jahre nach dem Ereignis des Christentums nicht nur von neuem zu erinnern, sondern auch zu tun bleibt.

9
Gewalt, Metaphysik, Christentum

Es ist paradox: Gerade in diesen Zeiten, da in so vielen Weltregionen wieder Krieg geführt wird, um den Krieg auszurotten, meditieren wir über den Zusammenhang von Gewalt und Metaphysik und über das Vorhandensein dieses Zusammenhanges in der Geschichte des Christentums. Die Idee, daß man der Gewalt mit Gewalt endgültig ein Ende setzen könne (jeder Krieg ist immer der letzte), zeigt: Es ist gerade das Bedürfnis, der Vorsatz, der Anspruch, zum ersten und letzten Prinzip zu gelangen (sich mit ihm zu vereinigen, es zu erreichen), was Gewalt inspiriert. Ich weiß nicht, ob man die Erbsünde hiermit gleichsetzen kann, aber es erscheint mir sehr wenig zweifelhaft, daß das »angeborene« Bedürfnis, auf das die Metaphysik antwortet, das Bedürfnis, die *archḗ* zu begreifen, eng mit der *hýbris* dessen verbunden ist, der in den vollständigen Besitz von seiner eigenen Existenz gelangen will, und somit schließlich mit der Vorherrschaft der Gesetze des Überlebens in uns, derjenigen, die letztlich die Gewalt »rechtfertigen«, in der das Böse seinen Ort hat. Von diesem Standpunkt aus erscheint die (schon bei den Kirchenvätern) übliche Auffassung der Erbsünde als Verletzung, die mit der Sphäre der Sexualität zusammenhängt, völlig annehmbar. Dies aber nur deshalb, weil es auch und vor allem hier sowohl in der unmittelbaren und psychologischen Weise, sie zu leben, als auch in ihrem biologischen Sinn des Weges, auf dem sich das Leben verewigt, eben der Wille zur Selbstbehauptung und zum Überleben ist, der sich in ihrer elementaren Bedeutung manifestiert. Die Folgen sind vielfältig: Der »gesegnete« Gebrauch der Sexualität in der Ehe hat dieselbe Legitimität wie der gerechte Krieg, das heißt eine sehr zweifelhafte Rechtlichkeit, welche die Gewalt (im Falle des Sexus der Wille zur Selbstbehauptung, der Wunsch nach Lebensfülle) mit dem allgemeinen Prinzip »man muß doch leben« zudeckt, das immer herangezogen wird, um die schlimmsten Schandtaten zu rechtfertigen. Und weiter: Könnte nicht der »rein« spielerische Gebrauch der Sexualität von diesem Standpunkt aus eine der zahlreichen Verfahrensweisen sein, mit denen die Kultur versucht hat, die ursprüngliche Gewalt des Kampfes ums Überleben einzuschränken? So wie eine Übertragung des Instinkts der Selbstbehauptung und der Überlegenheit vom Krieg auf den Sport? Gleichwohl ist sicher, daß die von der Kirche lange Zeit gepredigte und in erster Linie – ja, meist ausschließlich – durch das Ziel der Reproduktion geregelte Sexualmoral eine Aufmerksamkeit und eine Achtung für den anderen beinhaltet, die erheblich geringer sind als die spielerische, verführerische, ästhetische Sexualität Don Giovannis.

Dies sind nur mögliche Beispiele dafür, wie über eine sehr lange und häufig komplizierte Kette von Einflüssen – die zu rekonstruieren aber wesentlich wäre – die metaphysische Gewalt auch viele Aspekte, darunter sehr kontroverse, der »christlichen Moral« beeinflußt. Metaphysische Gewalttätigkeit ist überhaupt die gesamte Gleichsetzung von Gesetz und Natur, welche die traditionelle Lehre der Kirche beherrscht hat. Das Gebot der Nächstenliebe, auch und vor allem der Feindesliebe, wird als so wenig vernünftig angesehen, daß es im natürlichen familiären Gefühl der »Liebe« zu den Brüdern, den Gleichen, denen, die durch Geburt mit einem verbunden sind, metaphysisch »begründet« werden muß. Jede

Moral, die das »Gesetz Humes« ignoriert, ist tendenziell eine gewalttätige Moral. Mit dem Ausdruck »Gesetz Humes« wird bekanntlich eine Beobachtung des englischen Philosophen zusammengefaßt, wonach man von der »Beschreibung« eines natürlichen Verhaltens nicht zur Behauptung einer Norm übergehen darf, zumindest sofern man nicht irgendeine andere These voraussetzt (beispielsweise diejenige, daß das, was von Natur aus geschieht, per se gut ist).

Wahr ist, daß sich die große naturrechtliche Tradition immer als ein Kampf der Vernunft gegen die willkürliche Gewalttätigkeit verstanden hat und daß die Sorge der Kirche um die *praeambula fidei* meist als Sorge um den Dialog erfahren wurde, als eine Art und Weise, den Ungläubigen auf einer Ebene zu begegnen, die keine vorgängige Anerkennung der Botschaft Christi implizierte, als ein Weg, um die Annahme dieser Botschaft vorzubereiten. Ebenso wahr ist aber, daß die Naturrechtslehre auch als ein Verfahren gedacht und praktiziert worden ist, um einen gewissen »vernünftigen« Gebrauch der Gewalt zu rechtfertigen, beispielsweise als Ermächtigung, sich gegen den Tyrannen zu empören. Und wahr ist auch, daß die Vernünftigkeit der *praeambula fidei* allzuoft schließlich den Zwang zum Glauben gerechtfertigt hat, der eben auf der Gewißheit beruhte, daß die menschliche Vernunft selbst es sei, welche die Annahme des Glaubens erzwinge. Nicht anders verhält sich übrigens heute die katholische Lehre, wenn sie behauptet, daß die Gesetze des Staates mit denjenigen übereinstimmten, die nach Ansicht der Kirche die Gesetze der Natur selbst seien.

Es geht aber hier nicht darum, Vorzüge und Nachteile der Naturrechtslehre zu erörtern. Es kann auch sein, daß die Idee des Naturrechts die historische Funktion gehabt hat, in Zeiten extremer Zersplitterung der Kulturen die Gewalt einzuschränken, ebenso wie die Idee einer »natürlichen« Brüderlichkeit unter den Menschen. Eventuell wäre es interessant, sich zu fragen, wann und wie sowohl die Idee des Naturrechts als auch die der Nächstenliebe, die auf der natürlichen Brüderlichkeit »beruht«, in die Krise geraten sind und begonnen haben, ihre Gewaltbasis offenzulegen. Wahrscheinlich würde man herausfinden, daß diese Transformation letztlich mit demselben Motiv verbunden ist, das, zumindest nach Ansicht Heideggers, die Metaphysik an ihr Ende geführt hat: ihre Umwandlung aus einer idealen Vorwegnahme der Rationalität der Wirklichkeit in ein wirksames Gesetz des Funktionierens der durch die Technik und die auf ihr beruhende Macht rationalisierten Welt. (Bei Adorno gibt es eine parallele These: Die Verwirklichung des Hegelianismus in der Welt der totalen Organisation macht es uns unmöglich, Hegelianer zu sein.)

Also: Die Gewalt im Christentum erhält sich aufrecht und dominiert, solange es mit der metaphysischen Tradition verbunden bleibt, auf vielfältige Weise. Schon in seiner *Einleitung in die Geisteswissenschaften* hatte Wilhelm Dilthey die These verfochten, wonach der Anfang des Endes der Metaphysik – als Gleichsetzung des Seins mit der Objektivität der sichtbaren Form, mit der Unveränderlichkeit der wesentlichen Strukturen der Wirklichkeit, die sich der intellektuellen Anschauung der Ideen darbieten – mit der Ankunft des Christentums zusammenfällt. Die Metaphysik erhält sich jedoch nach Ansicht Diltheys noch bis zu Kant und über ihn hinaus, weil die philosophische Bedeutung der neuen Aufmerksamkeit des christlichen Denkens auf die Innerlichkeit, die Subjektivität, letzten Endes auf die Freiheit, sich erst nach einer langen Periode entwickelt, in der noch der alte metaphysische Objektivismus vorherrscht, da die Kirche die historischen

Strukturen der klassischen Welt erbt und, um ihnen ein gewisses Überleben zu garantieren, auch ihre Kultur am Leben erhalten muß.

Der hl. Augustinus ist der Philosoph der *Confessiones* und zugleich der Bischof, der eine historisch-politische Macht ausübt. Diese Darstellung, die bei Dilthey eine rein faktenbezogene Erklärung des Überlebens der Metaphysik im Christentum ist (das mehr oder weniger so lange dauert, wie die zeitliche Macht der katholischen Kirche und der Kirchen besteht), muß wahrscheinlich mit den Hinweisen von René Girard in Verbindung gebracht werden.[1] Das wenn auch zunehmend gemilderte Überleben das Opfermechanismus ist es, welches die wiederkehrende Gewalt in der Geschichte des Christentums erklärt; was Girard Opfermechanismus nennt, ist eine andere Form (oder eine Konsequenz?) des von Heidegger beschriebenen metaphysischen Objektivismus. Die Natürlichkeit des Opfermechanismus, die für Girard so beschaffen ist als eingewurzeltes Vorhandensein der mimetischen Gewalt in den Individuen und in den menschlichen Gesellschaften (die Erbsünde?), ist für Heidegger die »Unüberwindbarkeit« der Metaphysik, die sich nicht wirklich mit einer menschlichen Entscheidung übersteigen läßt, solange sich nicht das Sein selbst auf eine andere Weise uns zuwendet (nur ein Gott kann uns retten, wie der Titel des berühmten letzten Interviews lautet, das Heidegger dem *Spiegel* gab). Das, was bei dieser Überkreuzung von Interpretationen (Opfermechanismus und Metaphysik) nicht verlorengehen sollte, ist auch die Beziehung zu den Machtstrukturen. Es ist nicht gleichgültig, daß sich die Versteifung der Kirche auf Positionen einer metaphysisch-naturalistischen Ethik als Kampf für die Behauptung gewisser Grundsätze in der Gesetzgebung der Staaten manifestiert. Es soll nicht suggeriert werden, daß die Verteidigung, welche die Kirche für das »Natur«gesetz (das Gesetz, das sie für »natürlich« hält) vorträgt – beim Thema Familienethik und neuerdings beim Thema Bioethik –, ausdrücklich durch ihren Willen verursacht ist, eine zeitliche Macht zu behaupten, die im Laufe der letzten Jahrhunderte immer mehr abgenommen hat. Eher möchte man die Aufmerksamkeit darauf lenken, daß die Verteidigung dieser Prinzipien und wie man sie zur Geltung bringen möchte (als Prinzipien der Natur und nicht als ausdrücklich christliche Thesen), einer spezifischen Art und Weise entsprechen, die Gestalt der Kirche in der Welt zu konzipieren: eine in hierarchischem, vertikalem und letztlich autoritärem Sinne stark organisierte Struktur. Die Enzyklika *Fides et ratio* bezeugt diese Auffassung mit hinreichender Deutlichkeit: Die christlichen Philosophen sind zu dem Wagnis eingeladen, auf die Vernunft und auf ihre freie Suche nach der Wahrheit zu vertrauen, aber die Vernunft kann, wenn sie nicht ihrem eigenen Wesen entsagen will, nicht der Lehre der Kirche widersprechen, welche die rationale Forschung vor den Gefahren schützt, denen sie infolge der durch die Sünde verursachten Verderbtheit der Natur ausgesetzt ist. Ist jemand in der Lage, *Fides et ratio* anders zu lesen als auf diese Weise? Oder besteht die Neuartigkeit dieser Enzyklika allein in dem Vorschlag, zur Verteidigung der natürlich-christlichen Metaphysik eine Philosophie von neuem heranzuziehen, die sich in den letzten Jahrhunderten gerade dadurch immer mehr von ihr entfernt hat, daß sie sich als freie Forschung betätigte?

Doch nehmen wir unseren Diskurs wieder auf. Die Gewalt dringt in das Christentum ein, wenn dieses sich mit der Metaphysik als »Wissenschaft vom Sein als Sein«, und das heißt als Wissen erster Prinzipien, verbündet. Die Gründe und die Umstände dieses Bündnisses sind vielfältig, angefangen mit den

Verantwortlichkeiten, welche die Kirche als einzige auch zeitliche Macht in einer durch die Auflösung des Römischen Reiches erschütterten Welt erbte. Doch hinzu tritt auch, und tiefgreifender, die Gleichsetzung der christlichen Existenz mit der in klassischer Manier gedachten philosophischen Existenz: Indem er sich zur Kenntnis des ersten Prinzips erhebt, indem er sich daran anpaßt (auf der Linie Platon-Plotin), verwirklicht der Mensch wahrhaft die eigene Menschennatur. Man denke daran, wie wenig wesentlich in einer solchen Perspektive das christliche Liebesgebot erscheint: Was zählt, ist die Erkenntnis des Wahren, was gewiß zu einer Abkehr von den sinnlich wahrnehmbaren Gütern führen und so den Kampf ums Überleben und damit den Konflikt mit den anderen reduzieren wird, ohne daß aber dieser Verzicht auf Gewalt die positive Bedeutung einer Öffnung hin zu dem anderen hat.

Die Idee, daß die Moral in der Achtung vor dem Naturgesetz besteht, ist die Tochter eben dieser Tradition. Gleichzeitig ist sie der Anspruch, dem zufolge Vollkommenheit darin besteht, daß man sich irgendwie mit dem ersten Prinzip identifiziert, und die Überzeugung, daß sich das erste Prinzip als solches, ohne Erklärung oder Frage, durchsetzt. *Hýbris* und Unterwerfung mischen sich hier in unentwirrbarer Weise, mit einer Widersprüchlichkeit, die den neurotischen Charakter offenbart, welcher der metaphysischen Mentalität eigentümlich ist – wie Nietzsche zu Recht nahegelegt hat. Seien wir uns dessen bewußt, daß wir hier – wie übrigens immer, wenn man über die Metaphysik und über ihre mögliche Überwindung reflektiert – an eine gewaltige Menge theoretischer, ethischer und existentieller Schwierigkeiten rühren, in die wir alle zutiefst verwickelt sind. Sogar das *factum* des kategorischen Imperativs, der Kant zufolge in uns spricht, kann in dieser Analyse der metaphysischen und gewaltsamen Wurzeln unserer Kultur in Zweifel gezogen werden.

Wenn wir zugestehen, daß a) die Idee der Vollkommenheit als Erhebung zum ersten Prinzip, als mystische Identifizierung mit ihm (Plotin), ein Ausdruck von *hýbris* und die Quelle weiterer Gewalt ist (der Anspruch, das Naturgesetz auch gegen den Willen der Menschen durchzusetzen) und daß b) die Idee, daß sich das moralische Gesetz nur auf die Natur als *factum* gründen lasse, als Gegebenheit, über die hinaus man keine Fragen stellen kann, eine widersprüchliche und radikal gewaltsame Denkweise ist (weshalb sollte man nicht mehr nach dem Grund fragen? Und: Wenn das Gesetz die Natur ist, dann verwirklicht es sich mit Notwendigkeit, es hat also keinen Sinn, daß es mir als Gebot aufgezwungen wird), wie sollen wir dann christliche Ethik und Metaphysik neu denken?

Diese Hypothesen und die daran anschließenden Fragen auch nur auszusprechen erschüttert einen Großteil der tiefer verwurzelten Strukturen unserer Mentalität. Wie soll man Vollkommenheit denken, wenn nicht als Gleichsetzung in gewissem Sinne mit dem Sein selbst, mit Gott, dem höchsten Prinzip? Und wie soll man die Metaphysik oder jedenfalls das essentielle Wissen denken, wenn nicht als theoretische Aneignung der ersten Prinzipien? Wie soll man das Gesetz begründen, wenn nicht auf einer unumstößlichen, gegebenen, unbestreitbaren Struktur, die als solche also auch in der Lage ist, den Gebrauch von Gewalt zu legitimieren?

Die Schwierigkeit, auf solche Fragen zu antworten, besteht in der für Heidegger als solche erscheinenden Unüberwindlichkeit der Metaphysik, die nicht überschritten, sondern nur *verwunden* werden kann, akzeptiert, entstellt, auf ironischen Wegen verfolgt, die sich ihres provisorischen Charakters bewußt sind. Gleiches läßt sich vielleicht von der These Girards sagen, wonach das Opfer nicht umhin kann, wiederholt zu werden, und sei es auch nur in rein symbolischen rituellen Formen wie der Messe, eben weil sonst die mimetische Gewalt Gefahr läuft, sich wiederum in den unmittelbaren Formen des blutigen Kampfes zu verketten. Diese Einsicht – sowohl in der Heideggerschen als auch in der Girardschen Form – enthebt uns aber nicht der Anstrengung zu verstehen, wie die heilbringende Wirkung der Offenbarung verfolgt werden kann und muß, die das gewalttätige Wesen des Opfermechanismus und der Metaphysik ins Licht rückt und, indem sie dies tut, die Gewalt der Institutionen, auch der kirchlichen, immer wieder einschränkt. Die Unterschiede zwischen Girard und Heidegger oder auch zwischen Heidegger und seinen hermeneutischen Nachfolgern erklären sich durch die je unterschiedliche Weise, die Symbolisierung des Opfers oder den Sinn der *Verwindung* aufzufassen.[2] Eine vernünftige Form, den Diskurs weiterzuführen, scheint mir die Säkularisierung zu sein. Schon die Webersche Interpretation der christlichen Ethik als rationaler Organisation der Wirtschaft ist wahrscheinlich eine Form von »Symbolisierung« des Opfers. Auch und vor allem die Einführung von liberalen Prinzipien in der Gesellschaft und in der politischen Organisation (tu alles, was du willst, solange dies nicht die gleiche Freiheit aller anderen verletzt) ist eine symbolisierende Säkularisierung der christlichen Botschaft.

Es scheint schwierig, der Logik der Säkularisierung als Fortführung der heilbringenden Wirkung der christlichen Offenbarung zu entgehen, wenn man die Girardsche Analyse des natürlichen Heiligen als Gewalt und des Opfers als Viktimisierung eines Sündenbocks, auf den sich die blutigen Äußerungen der mimetischen Krisis entladen, akzeptiert. Man hat eingewendet, daß die Idee des Opfers als Gewalt nicht die Möglichkeit der Selbstopferung in Erwägung zieht. Jesus ist zugleich Opfer und Priester: Also erleidet er, so heißt es, nicht die Gewalt von seiten eines anderen, er fügt sie sich aus Liebe selbst zu und entgeht so der von Girard beschriebenen Opferlogik. Diesem Einwand kann man, so scheint es, auf mindestens zweierlei Weise unschwer begegnen: a) daß sich Jesus aus Liebe zu den Menschen opfern muß, und sei es auch aus freier Wahl, läßt sich nur verstehen, wenn man immerhin einräumt, daß ein Opfer gefordert ist. Wenn der Erlaß der Sünde das Opfer erfordert, wird die Opferlogik gleichwohl bestätigt, der Gott, der diese »gerechte« Genugtuung fordert, wird immer noch als der gewalttätige Gott der Naturreligionen gedacht; b) wenn das freiwillige Opfer Jesu von etwas anderem als der Opferlogik inspiriert ist, werden wir wahrscheinlich den Gedanken ernst nehmen müssen, daß es als Beispiel des Heils IN der *kénōsis* gelten möchte. Nicht Heil DURCH die *kénōsis*, denn wenn die Herrlichkeit sich nur durch die Erniedrigung und das Leiden erreichen ließe, befänden wir uns wieder mitten in der Opferlogik. Die *kénōsis* ist nicht Mittel des Freikaufs, sie ist der Freikauf selbst. Dies erscheint mir die vernünftigste Deutung der Botschaft der Fleischwerdung. Eine »nihilistische« Deutung ist sie nur für denjenigen, der darauf beharrt, das Sein mit den metaphysischen Kennzeichen der Großartigkeit, der Unveränderlichkeit, der vollen Evidenz in der Gegenwart zu denken. Das heißt, mit den Attributen des Aristotelischen reinen Aktes, des Parmenideischen Seins, welches das ganze Gegenteil des Seins als Schöpfung eines freien und liebevollen Gottes ist. Der metaphysische Gott, den die christliche Theologie als ihre »natürliche« Grundlage anerkennen zu müssen geglaubt hat, ist auch derjenige, der unlösbare Probleme im Hinblick auf den Gedanken der Prädestination aufwirft; der eine Theodizee erfordert, die selbst niemals gegen die Ironie des Voltaireschen Candide gefeit ist; und der auch heute noch die zugleich autoritäre und wirkungslose naturalistische Ethik der päpstlichen Lehre inspiriert.

Wenn man radikal der nicht opferorientierten und antimetaphysischen Logik der christlichen Offenbarung zu folgen versucht, bedeutet das dann, schlicht und einfach ohne Grenzen und ohne rationale Orientierungen zu bleiben? Vielleicht ja, könnte man sagen. Man bleibt dem Ereignis preisgegeben, das heißt, der nicht als Ausdruck natürlicher Strukturen, sondern als Ereignis gefaßten Positivität der Schöpfung und der Offenbarung überantwortet. Weshalb soll man der Gewißheit der metaphysischen Evidenzen mehr vertrauen als der Interpretation, welche die Gemeinschaft der Gläubigen und jeder einzelne Gläubige in eigener Freiheit vom göttlichen Wort in Beziehung zum wandelbaren Werden der Geschichte geben? Auf diese Frage kann es nur zwei Antworten geben: entweder, weil man meint, daß Gott unwandelbar sei, aber dann ist er der Gott der Metaphysik, dem man nur schwer auch die Erschaffung der Welt in der Zeit und erst recht nicht die Erschaffung freier Wesen aus Liebe zuschreiben könnte. Oder weil die metaphysischen Evidenzen vor jeder Eventualität der Freiheit in Sicherheit sind, alle in die Hände der Autorität gelegt, die ein für allemal ihre Verwahrerin ist, ja die dazu aufgerufen ist, sie auch dann zur Geltung zu bringen, wenn die freie rationale Forschung ihre Gegenstandslosigkeit entdeckt. Diese beiden Antworten schließen sich gegenseitig nicht aus, ja sie verflechten sich in der antiken und neueren Geschichte der Kirche in schwer entwirrbarer Weise. Auch deshalb läßt sich ihre immer noch so massive Dominanz in unserer Gegenwart nicht vereinfachend der pervertierten Schläue von Priestern zuschreiben. Sie muß vielmehr als Schicksal gesehen werden, genau wie das Fortbestehen der Opferlogik bei Girard oder die Unüberwindbarkeit der Metaphysik bei Heidegger. Was aber nicht heißen soll, daß wir nicht immer von neuem ihre mögliche Überwindung vorbereiten müssen, und sei es auch nur in Form der *Verwindung*, mit einer Anstrengung radikaler Kritik. Das Heil liegt nicht positiv in unseren Händen, aber das, was gefordert wird, ist, wachsam zu sein, so daß man sich nicht vom Antichrist irreführen läßt.

10
Hōs mē
Heidegger und das Christentum

Eine gründliche Erforschung der wechselvollen Beziehungen Heideggers zur christlichen und speziell zur katholischen Tradition, in der er seine Ausbildung genossen hatte – was dazu führte, daß er während des Studiums von seinem Bischof mit Beihilfen unterstützt wurde und danach, zu Beginn seiner Karriere, dann als eine Hoffnung des katholischen Denkens in Deutschland galt –, steht noch aus, und sie wird vielleicht erst mit dem Erscheinen anderer unveröffentlichter Werke als derjenigen, die in jüngster Zeit bekannt geworden sind, neue Wege einschlagen können. Unter den kürzlich publizierten Texten ist die *Einleitung in die Phänomenologie der Religion*, eine im Wintersemester 1920/21 in Freiburg gehaltene Vorlesung, die 1995 in der *Gesamtausgabe* erschienen ist, von zentraler Bedeutung.[1] Wie häufig in seinen Vorlesungen ist Heidegger hier viel klarer und verständlicher als in den »geschriebenen« Texten. Doch die Bedeutung der *Einleitung* liegt nicht allein darin, daß sie in vielerlei Hinsicht eine sehr faßliche und eindrucksvolle Vorwegnahme zahlreicher Themen von *Sein und Zeit* und somit der nachfolgenden Ausarbeitung der Heideggerschen Lehre darstellt. Viel bedeutsamer erscheint mir ein anderer Aspekt, der sofort ins Auge fällt: daß hier nämlich die Thematik von *Sein und Zeit* und auch die des reiferen Heidegger, der die Idee der Metaphysik als Seinsvergessenheit darstellt, in ihrem wesentlichen Zusammenhang mit der Reflexion über die christliche Erfahrung erscheint. Man muß von einem WESENTLICHEN Zusammenhang sprechen und dabei auch und vor allem die Bedeutung berücksichtigen, die das Wort *Wesen* gerade in den Heideggerschen Texten annimmt; in dem Sinne, daß die Hauptbegriffe von *Sein und Zeit* hier ohne Bezug auf das christliche EREIGNIS undenkbar erscheinen. Die Wesentlichkeit dieses Zusammenhangs hat also historisch-geschickhaften Charakter und läßt sich nicht auf eine Art analytisches Einbegriffensein dieser Begriffe im »Begriff« des Christentums zurückführen.

Man muß diesen Sinn der Wesentlichkeit betonen, weil es gerade der historische, wir könnten auch sagen existentielle Charakter des Zusammenhangs zwischen *Sein und Zeit* und christlicher Erfahrung ist, um den es hier geht. Kurz gesagt, aus dem Text der *Einleitung* – vor allem aus dem ersten Teil, in dem Heidegger eben das Problem der philosophischen und phänomenologischen Analyse der religiösen Erfahrung anschneidet – geht sehr deutlich hervor, daß die christliche Erfahrung für ihn keine religiöse Erfahrung unter anderen ist, von denen sich, wie durch Abstraktion, der Sinn von Religion im allgemeinen ableiten ließe. Sehr deutlich wird schon in diesem Text, was die Heideggersche Auffassung von Phänomenologie von der seines Lehrers Husserl unterscheidet. Das gilt auch von einem anderen Text derselben Epoche, den Heidegger erst in der kurz vor seinem Tode vorbereiteten dritten Auflage seiner *Wegmarken* veröffentlichte (es handelt sich dabei um die ausführliche Besprechung der *Psychologie der Weltanschauungen* von Jaspers).[2] Es ist der Gedanke, daß es kein Erkennen der Wesen gibt, das von der existentiellen Beziehung des »Subjekts« zu seinem »Objekt« absehen kann. Was Heidegger in der Besprechung der *Psychologie der Weltanschauungen* gegen Jaspers einwendet, ist gerade, daß dieser den genuin philosophischen Vorsatz vergessen hat, den er zu Beginn seines Textes verkündet – das heißt den Vorsatz, die Weltanschauungen zu untersuchen, um die eigene Weltanschauung zur Diskussion zu stellen, wobei man sich thematisch in die Analyse mit einbezieht –, und sich dafür auf eine panoramische, »ästhetische« Sichtweise und auf eine typologische Systematisierung der Weltanschauungen beschränkt. Auch das Problem einer Phänomenologie der Religion geht Heidegger von diesem methodischen Prinzip her an. Der scheinbar ungerechtfertigte Übergang vom ersten zum zweiten Teil der Vorlesung – von den allgemeinen und methodologischen Überlegungen, die ihn dazu veranlassen, die zeitgenössischen Lehren zu diesem Thema zu erörtern (allerdings schon von diesem Standpunkt einer existentialen Phänomenologie aus), zur detaillierten Analyse der beiden Briefe des Paulus an die Thessalonicher – läßt sich nur erklären, wenn man eben annimmt, daß er dem ihn leitenden Gedanken einer Philosophie treu bleiben will, die sich ihrem Thema nicht mit einem Blick von außen nähert, sondern die es in den Rahmen jener *faktischen Lebenserfahrung* (S. 9) stellt, von der die Phänomenologie nicht absehen kann. Lesen wir einige Stellen aus der Rezension des Werkes von Jaspers: »Zu den für die Philosophie in Betracht kommenden ›Sachen selbst‹ ist ein weiter Weg, so daß es mit der bei manchen Phänomenologen neuerdings ausgiebig betätigten Freigebigkeit mit Wesenseinsichten eine recht bedenkliche Bewandtnis hat, die zu der gepredigten ›Aufgeschlossenheit‹ und ›Hingabe‹ schlecht stimmen will. Es könnte sein, daß uns sogar die Zugangsrichtungen zu den Sachen der Philosophie verdeckt lägen und es eines radikalen Ab- und Rückbauens bedürfte, einer eigentlichen, im Sinne des Philosophierens selbst mitvollzogenen Auseinandersetzung mit der Geschichte, die wir selbst ›sind‹« (S. 5). Es ist schwer zu sagen, ob diese Haltung eine methodische Voraussetzung in einem »neutralen« Sinne ist, die von einer Sorge um eine radikalere und authentischere Wissenschaftlichkeit diktiert ist, welche die Phänomenologie im Vergleich zur Wissenschaft in ihrem üblicheren und allgemeineren Sinne kennzeichnen sollte und die auf alle philosophischen Analysen und also auch auf die der Religion angewendet werden sollte. Oder ob nicht schon allein der Begriff *faktische Lebenserfahrung* von der Annahme der religiösen Erfahrung und speziell der christlichen Erfahrung als Modell einer authentischen philosophischen Radikalität abgeleitet ist. (Es ist nämlich vielleicht vor allem die religiöse Erfahrung, die sich nicht anders ereignen kann denn als persönliche Verpflichtung, als eine Antwort, die sich konstitutiv nicht auf das »objektive« Erwägen eines Inhalts beschränken kann.) Wenn Heidegger übrigens in der Vorlesung sagt, daß die urchristliche Erfahrung, diejenige, von der er spricht und die er bei Paulus entdeckt, die Erfahrung der authentischen Zeitlichkeit ist, dann fällt es schwer, darin keine Bestätigung dieser zweiten Hypothese zu sehen. Man wird sagen, es handle sich um logische Zirkel. Doch gerade aus Zirkeln wie diesen wird eine Reflexion *faktisch* gemacht, was dann übrigens der »hermeneutische Zirkel« explizit theoretisch erfaßt.

Wie man aus diesen wenigen Andeutungen ersieht, die das Denken in einen Strudel zu führen drohen, der nicht unähnlich dem »Abgrund« ist, von dem der späte Heidegger so häufig spricht, ist es nicht allein die für (viele Teile von) *Sein und Zeit* charakteristische Begrifflichkeit, die vom Nachdenken über die christliche Erfahrung anscheinend nicht zu trennen ist, sondern es ist die für Heidegger charakteristische philosophische Haltung überhaupt. Ein Phänomenologe wie Husserl oder einer seiner treuen Schüler mag ruhig denken, daß – wie es in der *Krisis* heißt – der von den Griechen »erfundene« Begriff der Wissenschaft nunmehr ein wesentliches Erbe der Menschheit sei, und dabei die Beziehung zwischen der Historizität dieser »Erfindung« und dem menschlichen Wesen, von dem sie an einem gewissen Punkt ununterscheidbar wird, im wesentlichen unanalysiert lassen. Das entspräche einer Bewegung des Denkens, die für die gesamte Philosophie des Abendlandes typisch gewesen ist, welche immer die eigene historisch gewordene Kultur mit der Menschheit überhaupt gleichgesetzt hat, die sich in ihr auf die vollkommenste Weise manifestiert habe. Das ist der Sinn des Humanismus, dem Heidegger dann seinen Brief aus dem Jahre 1946 widmet. Heidegger zufolge können wir, wenn wir die Vorlesungen von 1920 aufmerksam lesen, nicht umhin, die Philosophie in diesen christlichen Termini zu denken, dies aber in dem expliziten Wissen, daß das christliche Ereignis ein Ereignis ist, wobei wir voll unsere konkrete Geschicklichkeit annehmen, ohne sie einfach zu überspringen, um zur Anschauung des Wesens überzugehen, und statt dessen diese *faktische Lebenserfahrung* bis zur Kritik der Metaphysik und zum späteren Thema der »Geschichte des Seins« entwickeln. Auf eine solche Möglichkeit – wesentlich als geschickhaft, nicht als universal im Sinne der metaphysischen Abstraktion – verweist wahrscheinlich die Tatsache, daß Heidegger bei der Analyse des Paulinischen Textes auf Termini wie »egenḗthē« und »genésthai« (1. Thessalonicher 1,5-7) beharrt – ein Beharren, das man als die wahre Erklärung für den logischen »Sprung« vom ersten zum zweiten Teil der Vorlesung auffassen kann. Wenn nämlich die christliche religiöse Erfahrung als das Modell (und schließlich sehr viel mehr) für die authentische Erfahrung der Zeitlichkeit anerkannt werden kann – diejenige, die als die einzige authentische Erfahrung der Zeitlichkeit anzuerkennen wir *wesentlich*, schicksalhaft nicht umhin können –, dann deshalb, weil wir selbst, die wir uns anschicken, phänomenologisch die religiöse Erfahrung zu untersuchen, schon »geworden« sind, schon »gewußt« haben, da wir die Botschaft erhalten haben. Diese Beobachtung läßt sich in verschiedener Weise formulieren: etwa indem wir die Tatsache, daß wir nie mit einer Entscheidung zwischen verschiedenen Religionen beginnen, sondern damit, daß wir uns bereits in einer Tradition, in einem Glauben befinden, die wir kritisieren und auch ablehnen können, bei denen wir aber nicht vom Nullpunkt an entscheiden können, ob wir sie annehmen oder nicht, als einen für die – uns zugängliche – religiöse Erfahrung konstitutiven Zug anerkennen. Mag sein, daß dies ein Zug jeglicher religiösen Erfahrung ist, aber sicher ist, daß im Falle des Christentums ein solcher Zug viel eher in Beziehung zur Geschichtlichkeit der Offenbarung und letztlich der Schöpfung überhaupt steht, wie sie in der Bibel erzählt wird, als zu einer elementaren anthropologischen Gegebenheit wie derjenigen, welche die Religion zusammen mit der Muttersprache und den Grundregeln der Erziehung immer in der Familie gelehrt sieht. Wahr ist, daß das Gewordensein, von dem Paulus hier spricht, die Verwandlung ist, die sich bei den Thessalonichern mit seinem Predigen bereits ereignet hat: Sie haben von ihm gelernt, was sie bereits wissen. Offenkundig ist aber, daß dies bei Heidegger einen allgemeineren Sinn hat – denjenigen, wonach die authentische Zeitlichkeit sich als eine Spannung zwischen dem »schon« und dem »noch nicht« offenbaren wird, was die Struktur des christlichen Eschatologismus überhaupt darstellt. Das *egenḗthē*« auf die punktuelle Erinnerung an das Faktum der Predigt des Paulus zu reduzieren würde bedeuten, es in einer Buchstäblichkeit zu nehmen, die Paulus als erster ablehnen würde (was wir als Interpreten nicht unberücksichtigt lassen können), weil auch seine erste Predigt zu den Thessalonichern die Verkündung dessen darstellt, was sie infolge der Erlösung durch Christus bereits sind.

In welchem Sinne bildet also dieses Wieder-Erkennen in dem, was man schon ist, die Grundlage einer authentischen Erfahrung der Zeitlichkeit? Man darf nicht vergessen, daß Heidegger im ersten Teil der Vorlesung häufig auf den Historizismus als für die Epoche charakteristischen Aspekt zu sprechen gekommen ist und gezeigt hat, in welch irreführender Weise dieser an die Reflexion über die Religion herangeht: da er diese Reflexion auf eine historische Rekonstruktion der Religionen und ihrer Wandlungen reduziert und vor allem eine lineare Auffassung von der Zeit als Abfolge von Augenblicken an den Tag legt, in denen Ereignisse und Dinge als Objekte stehen, denen gegenüber wir eine Haltung der Distanz, eben eine »objektive« Haltung, einnehmen müssen, weil unsere Historizität ihrerseits darin besteht, unterschiedlichen Momenten entlang der Linie der Zeit anzugehören.[3] Nun ist aber die erfahrene Historizität etwas anderes als dieses Im-Verstreichen-der-Zeit-Stehen, sie ist eben das, was Heidegger mit dem Terminus *faktische Lebenserfahrung* zu erfassen sucht. Die authentische Zeitlichkeit der christlichen Erfahrung erscheint als die Lösung des Problems oder zumindest als ein Modell, das eine Alternative zu dem Konzept darstellt, als einfache Gegenwarten in der linear verstreichenden Zeit zu stehen. Das *egenḗthē*, das Schon, welches den Hintergrund darstellt, vor den die Predigt des Paulus in seinen Briefen tritt, ist das mit dem Tod und der Auferstehung Jesu bereits eingetretene Heil, das gleichwohl ebensowenig ein »vergangenes« Ereignis im horizontal-objektiven Sinne dieses Terminus darstellt, das noch nicht wirklich erfüllt ist und als das eschatologische Ereignis der *parusía* erwartet werden muß. Die Schwierigkeit, diese Erfahrung der christlichen Zeitlichkeit zu denken, ist, das muß man beachten, keineswegs eine andere als diejenige, der man bei der Lektüre des Textes von *Sein und Zeit* über eben dieses Thema begegnet, wiewohl es dort dann keinen Verweis auf die Texte des Neuen Testaments mehr gibt. Tatsache ist, daß es keine wahre Beschreibung oder positive Definition der authentischen Erfahrung der Zeitlichkeit gibt. Was bedeutet es, derart in der Zeit zu stehen, daß man sich nicht als Objekt unter Objekten ansieht, die auf der irreversiblen und kontinuierlichen Linie der verstreichenden Zeit voneinander getrennt sind? Gerade in dem Bemühen, die authentische Zeitlichkeit zu denken, entdeckt Heidegger die »Unüberwindbarkeit« der Metaphysik und den Sprachverfall, der ihn dann, wie es im *Brief über den Humanismus* heißt, daran hindert, *Sein und Zeit* zum Abschluß zu bringen, und der zum eigentlichen Thema seiner Reflexion der nachfolgenden Jahre wird. Indessen ist gerade die Weise, in der Paulus die Gläubigen von Saloniki betrachtet, an die er schreibt, ein Beispiel für die nicht »objektive« Weise, sich zur Geschichte in Beziehung zu setzen. »Ihr seid unsere Herrlichkeit und Freude« (1. Thessalonicher 2,20) – das ist nicht nur eine rhetorische Äußerung: Paulus weiß, daß das Gelingen seiner Mission, daß sein eigenes Heil an die Treue zum Evangelium geknüpft ist, welche die Thessalonicher bis zur *parusía* zu bewahren imstande sein werden (S. 97 f.). Doch es ist in vieler Hinsicht wahr, sowohl später in *Sein und Zeit* als auch in der Vorlesung von 1920, daß wir keine klaren positiven Hinweise auf die authentische Zeitlichkeit haben; ebensowenig wie wir sie bezüglich der Überwindung der Metaphysik haben, die hier noch nicht so heißt, die aber deutlich vorweggenommen ist in der Untersuchung, die Paulus (und Heidegger mit ihm) der Art und Weise, in denen sich die christliche Erfahrung artikuliert, und vor allem ihren Entartungen angedeihen läßt. Es gibt vor allem das Beharren des Paulus auf der *thlípsis*, der Bedrängnis, die das christliche Leben charakterisieren muß. Paulus geht hier vom »Pfahl im Fleisch« aus, von dem der zweite Korintherbrief spricht und der ihn daran hindert, sich zu »rühmen« und sich seinen Hörern in Thessalonich überlegen zu fühlen, er, der doch einmal »in den Himmel entrückt« worden ist (vgl. 2. Korinther 12,2-10). Die *thlípsis* steht nicht so sehr in Beziehung zu einer bestimmten Art von Versuchung, der die Christen widerstehen müßten (die Tradition hat oft an die Versuchung der Sinne gedacht), und sie spielt auch nicht, soweit Heidegger sie hier versteht, auf irgendeine heilbringende Funktion des Leidens an (welch »schmerzfixierte« christliche Tradition auch hier...). Sie ist vielmehr die Wachsamkeit, die, eben weil sie die *parusía* nicht als »objektiv« verkündetes Faktum auffaßt, diese wie den »Dieb in der Nacht« betrachtet, welcher kommen wird, wenn wir ihn am wenigsten erwarten, ohne daß man davon Tag noch Stunde wissen könnte. »II Kor 12, 2-10 gab uns einen Vorblick in die Selbstwelt des Paulus. Das Außerordentliche in seinem Leben spielt für ihn keine Rolle. Nur, wenn er schwach ist, wenn er die Nöte seines Lebens durchhält, kann er in einen engen Zusammenhang mit Gott treten. [...] Nicht die mystische Versenkung und besondere Anstrengung, sondern das Durchhalten der Schwachheit des Lebens wird entscheidend« (S. 100). Der Hinweis auf die Mystik und auf die außerordentliche Erfahrung, von welcher der Brief an die Korinther spricht, ist hier entscheidend in dem Sinne, daß es, wie aus der Fortsetzung des Kommentars und aus den Bemerkungen über die eigentliche Bedeutung des Terminus *parusía* hervorgeht, immer darum geht, der Idee einer Wiederkunft Christi treu zu bleiben, die sich nicht als objektives Ereignis gestaltet: weder als vergangenes Geschehen, dessen wir definitiv sicher wären, noch als gegenwärtige Gegebenheit einer mystischen Erfahrung noch als künftiges Faktum, das sich vorhersehen und im Zeitablauf ansiedeln ließe. (Man könnte sogar denken, aber Heidegger führt das hier nicht aus, daß der Glaube kein Glaube an die Gewißheit von vorgefallenen historischen Ereignissen ist, die mit ihrer zugesicherten Außerordentlichkeit den Glauben an die Verkündung begründen müßten ...). Der Terminus *parusía*, der Ankunft oder Anwesenheit bedeutet, hat in der christlichen Sprache sogar seinen buchstäblichen Sinn verändert. »An diesem Begriffswandel zeigt sich die andersartige christliche Lebenserfahrung. [...] Für den Christen [...] heißt *parusía:* ›das Wiedererscheinen des schon erschienenen Messias‹, was zunächst im wörtlichen Ausdruck *nicht* liegt« (S. 102). Die Erwartung der *parusía* ist durchaus nicht das Warten auf ein künftiges Ereignis auf der Linie der Zeit: »Wir kommen niemals durch die bloße Analyse des Bewußtseins von einem zukünftigen Ereignis auf den Bezugssinn der *parusía*« (ebd.).

Wenn man so will, stehen wir hier vor dem Versuch, die reine Geschichtlichkeit der Existenz in Begriffe zu fassen, jene Geschichtlichkeit, die nichts Naturgegebenes ist und die sogar in ausdrücklichem Kontrast zur metaphysischen Banalisierung gedacht werden muß, in die, wie es dann in *Sein und Zeit* heißt, die Existenz immer schon geworfen und gestoßen ist. Zitieren wir noch einige Stellen, die diese Begriffe veranschaulichen. Konstitutiv für das christliche Leben (oder, wie wir nun schon wissen, für die authentische Erfahrung der Zeitlichkeit) ist, daß wir weder Tag noch Stunde der *parusía* kennen (zu kennen behaupten). »Für das christliche Leben gibt es keine Sicherheit; die ständige Unsicherheit ist auch das Charakteristische für die Grundbedeutendheiten des faktischen Lebens. Das Unsichere ist nicht zufällig, sondern notwendig. [...] Die, ›welche Friede und Sicherheit sagen‹ (5,3), geben sich aus an das, was das Leben ihnen bringt [...], sie sind im Dunkel, angesehen auf das Wissen um sich selbst« (S. 105). Und kurz davor: »Der Sinn dieser Zeitlichkeit ist auch für die faktische Lebenserfahrung grundlegend, ebenso für Probleme wie das der Ewigkeit Gottes« (S. 104).

Es erscheint nicht schwierig, in der unauthentischen Erfahrung der Zeit das zu erkennen, was Heidegger dann später der Metaphysik vorwirft, dem objektivierenden Denken, welches das Sein zugunsten des Seienden vergißt. Und der Zusammenhang mit der Metaphysik zeigt sich auch darin, daß diesen Vorlesungen von 1920 zufolge das Christentum, welches auf das Urchristentum folgte, in das uns Paulus zurückversetzt, den Sinn der Eschatologie vergessen hat. »Die jetzige Betrachtung behandelt das Zentrum des christlichen Lebens: das eschatologische Problem. Schon zu Ende des ersten Jahrhunderts wurde das Eschatologische im Christentum verdeckt. Man verkennt in späterer Zeit alle ursprünglich christlichen Begriffe. Auch in der heutigen Philosophie sind noch hinter der griechischen Einstellung die christlichen Begriffsbildungen verborgen« (S. 104). Die Ausdrücke *Verdeckung*, *Vergessenheit* etc. sind allesamt Termini, die Heidegger dann gebraucht, um von der Entwicklung der Metaphysik als Seinsvergessenheit zu sprechen. Hier haben wir nicht viel mehr als eine Andeutung, die aber hinreicht, um zumindest das Problem aufzuwerfen, wie sich das Vergessen der christlichen Eschatologie und das Vergessen des Seins im Werden der Metaphysik vermählen, und den Verdacht aufkommen zu lassen, daß sie geradezu ein und dasselbe sind.

Nimmt man, wie man es, glaube ich, tun muß, diese letzten Sätze des Heideggerschen Textes wörtlich, dann führt seine Lektüre nicht allein dazu, sich erneut das Problem der »wesentlichen« Beziehung der Heideggerschen Philosophie zur christlichen Tradition zu stellen, sondern auch dazu, eben diese Tradition auf der Grundlage der Auffassung der Metaphysik als Geschichte des (Vergessens des) Seins neu zu denken. Der Kommentar zum zweiten Thessalonicherbrief, in dessen Mittelpunkt die christliche Pflicht steht, die *parusía* zu erwarten, ohne den Messias durch den Antichrist in seinen verschiedenen Formen zu ersetzen – die sich alle auf den Anspruch zurückführen lassen, ihn mit einem »objektiven« und als Faktum in einem bestimmbaren Augenblick der Zeit anzusiedelnden historischen Ereignis gleichzusetzen –, liefert wichtige Hinweise in dieser Richtung. Es zeichnet sich ab, daß letztlich die Geschichte des Christentums nach der Zeit der Ursprünge, weil sie ein Vergessen der authentischen eschatologischen Erwartung darstellt, als Geschichte des Antichrist aufgefaßt werden kann, als Geschichte des Mißverstehens der Authentizität der christlichen Botschaft, die parallel zur Geschichte der metaphysischen Seinsvergessenheit verläuft (und vielleicht nicht nur dies; eher mit ihr verflochten, so wie Onto-Theologie nur ein anderer Name für Metaphysik ist).

Hier kann man, indem man die weitere Analyse des wesentlichen Zusammenhangs zwischen dem reifen Denken Heideggers (von *Sein und Zeit* bis zu den Schriften nach der *Kehre*) und der christlichen Tradition auf eine spätere Gelegenheit verschiebt, eine Reflexion darüber einleiten, was dieser Zusammenhang, und sei es auch in der summarischen

Form, in der er uns hier erschienen ist, für eine Reflexion über das Christentum selbst bedeutet.

Gewiß erscheint die hier (von Heidegger) nahegelegte Hypothese, daß die Geschichte des Christentums ein »metaphysisches« Mißverständnis des ursprünglichen Sinns der neutestamentlichen Botschaft darstelle, nicht original, und man kann sogar die Frage stellen, ob und wieweit sie nicht eine bloße Wiederholung von Themen des Modernismus darstellt, der in jenen Jahren im katholischen Denken kursierte und den Pius X. im Jahre 1907 in seiner Enzyklika *Pascendi* verdammt hatte.

In speziellerer Beziehung zu der Haltung, die Heidegger gegenüber dem Katholizismus entwickelte, lassen sich hier die Grundlagen seiner polemischen Abkehr von der scholastischen Tradition und von der »klassischen« Metaphysik erkennen, die diese Tradition wiederaufnehmen wollte, einer Abkehr, die hier bedeutsamerweise durch Treue zur urchristlichen Erfahrung motiviert ist – in Termini, die dem analog sind, was im Modernismus geschah.

Wie immer auch die Beziehungen beschaffen sein mögen, die sich historisch bestimmen lassen, und seien sie auch dazu angetan, die Originalität der Position Heideggers etwas zu verringern, es ist von Interesse, zumindest einige Implikationen seines Kommentars zu den beiden Paulusbriefen für die Auffassung von christlichem Glauben und christlicher Ethik zu beleuchten. Das Beharren auf dem Gefühl der »Bedrängnis«, die erduldet werden muß, ohne daß man sich einbildet, man wisse Tag oder Stunde, hat, eher noch als einen ethischen Sinn, eine theoretische Tragweite, es berührt den eigentlichen Sinn des Glaubens und der von ihm inspirierten Theologie. Der Antichrist, der die Gläubigen beständig in Versuchung führt und zu regelrechten götzendienerischen Gleichsetzungen des Messias mit Gestalten drängt, die seinen Sinn verfälschen, verweist auf das objektivierende repräsentative Denken, das Heidegger dann später explizit als metaphysisch bezeichnet, welches mit seiner Dominanz in der christlichen Tradition zum Vergessen ihrer authentischen, ursprünglichen Inhalte geführt hat.

Wenn die Paulus-Lektüre Heideggers begründet ist, muß man in diesen Texten auch einen Hinweis sehen, der sich gegen die übermäßige Beachtung der »theoretischen« und deskriptiven Inhalte der biblischen Offenbarung richtet. Jeder Versuch, sie als eine Lehre von der Natur und der Attribute Gottes zu deuten, versündigt sich durch jenes satanische Verfallen in das repräsentative Denken, welches auch die Sünde der objektivierenden Metaphysik ist, gegen die man das Hören auf das Sein wiederfinden muß. Von hier kann wahrscheinlich ein Versuch ausgehen, das Christentum zu denken und den christlichen Glauben zu leben, der in dem Maße Sinn gewinnt, in dem man – auch unter Berufung auf Schriften wie diese Vorlesung aus dem Jahre 1920 – die Auffassung vertritt, daß die Ontologie Heideggers eine ihrer beständigsten Quellen eben in der christlichen Tradition hat. Klarer gesagt: Wenn man, und das scheint mir angebracht zu sein, die Hypothese vertritt (ich würde sogar sagen, wenn man erkennt), daß sich die Philosophie Heideggers nicht von ihren Ursprüngen in der Reflexion über die Botschaft des Evangeliums trennen läßt, dann hat diese Hypothese (oder was sie auch sein mag) nicht allein die Konsequenz, die Quellen dieser Philosophie historiographisch (*historisch!*) klarzustellen, und auch nicht allein den Sinn, sie wie in einer schließlich beruhigenden Konversion auf das Christentum »zurückzuführen« (so als sagte man: wenn man Heideggerianer ist, ist man also nicht unbedingt antichristlich). Was sich aufdrängt, ist auch ein Effekt von Wechselwirkung: Nicht nur hilft uns Paulus dabei, Heidegger zu erklären, sondern Heidegger schlägt uns Erwägungen vor, die uns, wenn wir sie ernst nehmen, auch dazu veranlassen, die christliche Tradition neu zu interpretieren.

Die Trennung zwischen dem Glauben der Urchristen und dem repräsentativen Denken des Antichrist – die Heidegger dann, wiewohl in allzu schematischer Weise, in seiner Kritik der Onto-Theo-logie entwickelt – verweist auf die Aufgabe, einen Glauben ohne »Inhalte« – also vielleicht auch ohne Dogmen und ohne eine Theologie als Wissenschaft – zu denken. In die gleiche Richtung scheint auch die polemische Bemerkung gegen die Mystik zu gehen, auch sie ein »antichristliches« Zugeständnis an das Bedürfnis nach einem »Objekt« der *Versenkung*, mit der man sich von der »Schwachheit« der Existenz befreit, von der *thlípsis*, welche die einzig authentische Art und Weise ist, die *parusía* zu erwarten (S. 100). In diesem Sinne muß auch der explizite Zusammenhang gelesen werden, der in § 28 (S. 110-12) zwischen dem Antichrist und der Geschichte der christlichen Dogmatik hergestellt wird: »Es ist ein tiefes Problem für die Geschichte des Geistes, das den Begriff der Philosophie selbst sehr nahe angeht, aufzuhellen, wie es kommt, daß die Dogmengeschichte (Religionsgeschichte) die eben kritisierte vorstellungsmäßige Einstellung genommen hat« (S. 111).

Was die Ethik betrifft, die sich auf einem derartigen Glauben entwickeln müßte, erscheint mir das Beharren auf *Schwachheit* erhellend; auch wegen der Hinweise, die es geben kann, um den Sinn der authentischen Existenz zu begreifen, von der dann *Sein und Zeit* spricht, indem es sie auf das *Zum-Tode-Sein* bezieht. Sehr häufig wird (auch vom Autor dieser Zeilen) der Sinn des Seins zum Tode als Schlüssel der authentischen Existenz unter Bezugnahme auf die Verfassung der Existenz als ein durchgängiges Gewebe von Verweisen und Sinn gesehen: Allein und gerade unter Bezugnahme auf die mögliche Unmöglichkeit jeder Möglichkeit des Lebens, das eben durch die drohende Möglichkeit des Sterbens konstituiert ist, konstituiert sich, und sei es auch in paradoxer Weise, das *Dasein* als ein authentisches »Ganzes«. Nur im Bedenken der Möglichkeit des Todes erscheinen die verschiedenen konkreten Möglichkeiten des Lebens in ihrem wahren Möglichkeitssinn und gestatten der Existenz, sich als ein mit Sinn ausgestatteter *dis-cursus* zu konstituieren, ohne sich so zu verfestigen, als seien sie endgültig.

Nun scheint aber der Verweis auf die Schwachheit des im Glauben ertragenen Lebens im Gegensatz zur mystischen *Versenkung* auf eine andere Sichtweise anzuspielen, die uns auch an dieser Interpretation der authentischen Existenz zweifeln lassen könnte. Die Authentizität, welche die den Tod vorwegnehmende Entschlossenheit möglich macht, läßt sich vielleicht nicht als Erfahrung von Sinn denken – die Existenz des authentischen *Daseins*, etwa die des Paulinischen Christen, ist eher als Mangel und Bedrängnis charakterisiert, als ständiger Verzicht darauf, sich für »klug« zu halten, eben als Schwachheit, die in der Erwartung der *parusía* ertragen wird. Wenige Seiten weiter schreibt Heidegger dann: »Es gibt allerdings im christlichen Leben auch einen ungebrochenen Lebenszusammenhang auf einer Stufe der Geistigkeit, was *nichts* zu tun hat mit der Harmonie eines Lebens« (S. 120). (Man wird bemerken, daß in *Sein und Zeit* jegliche Anspielung auf etwas der *parusía* Vergleichbares fehlt. Hat nicht aber dann das Hören auf das Sein, auf dem Heidegger in den reifen Schriften immer von neuem beharrt, etwas zu diesem Punkt zu sagen?)

In den Rahmen, der sich so umreißen läßt, gehört auch die Äußerung, die vielleicht das Schlußwort des Heideggerschen Pauluskommentars ist: der Verweis auf die Stelle des ersten Korintherbriefes, an der Paulus die christliche Existenz »negativ« mit dem berühmten Ausdruck *hōs mē* definiert. Wenn die christliche Existenz so sehr darauf bedacht ist, sich nicht durch positive Inhalte auf dem Gebiet des Glaubens und auch nicht durch spezifische positive Pflichten auf der Ebene der Moral definieren zu lassen (auch das wäre eine Form des Götzendienstes, des Antichrist), dann ist es anscheinend unmöglich, sie zu definieren. Dennoch kommt man, gerade wenn man die inhaltlichen Elemente (S. 116) der Offenbarung beiseite läßt, dazu, ein Bild der christlichen Existenz zu zeichnen, das der paulinischen Lehre getreulich entspricht. Das Leben des Christen ist radikal historisch, also durch die kulturellen und lebensweltlichen Rahmenbedingungen bestimmt, in die er geworfen ist. Nur daß der Christ, auch wenn er völlig den Inhalten verhaftet bleibt, die seinen historischen Verhältnissen eigentümlich sind, im Glauben verharrt, die Wiederkunft des Herrn erwartet. Dies ist der Sinn, in dem Heidegger den Text von 1. Korinther 7,29 ff. anführt: »Dies aber sage ich, Brüder: Die Zeit ist begrenzt: daß künftig die, die Frauen haben, seien, als hätten sie keine, und die Weinenden, als weinten sie nicht, und die sich Freuenden, als freuten sie sich nicht, und die Kaufenden, als behielten sie es nicht, und die die Welt Nutzenden, als benutzten sie sie nicht ...« Es gibt kein anderes »Modell« christlichen Lebens als dasjenige, welches die historischen und immer kontingenten Verpflichtungen jedem einzelnen Gläubigen auferlegen, so wie es keine geheime Kenntnis von Mysterien gibt, die den Nichtglaubenden versperrt wären. Es gibt hier keine Ähnlichkeit mit den Mysterienreligionen und den Initiationsriten der griechischen Tradition. »Der Myste wird durch Manipulation aus dem Lebenszusammenhang herausgenommen; in einem entrückten Zustand wird Gott und das All gegenwärtig gehabt. Der Christ kennt keinen solchen ›Enthusiasmus‹, sondern er sagt: ›Laßt uns wach sein und nüchtern‹« (S. 124). Auch wenn hier nicht explizit der Husserlsche Terminus *epoché* auftaucht, ist klar, daß Heidegger genau an ihn denkt: so ist auf der nächsten Seite von *»phänomenologischer Destruktion«* die Rede; und gleich darauf werden Augustinus und Luther erwähnt, was daran denken läßt, daß für Heidegger vielleicht auch die Vorstellung »antichristlich« ist, daß das Heil von den Werken und nicht allein vom Glauben kommen könne.

Lassen sich all diese Heideggerschen Andeutungen hinsichtlich der Art und Weise, die christliche Erfahrung aufzufassen und zu leben, auf eine Art Bekenntnis zu lutherischem Protestantismus zurückführen? Die Tatsache, daß Heidegger in seiner nachfolgenden Entwicklung dann nicht explizit in diese Richtung gegangen ist, muß zumindest im Auge behalten werden. Seine Polemik gegen die nach-apostolische christliche Tradition und die Geschichte ihrer Dogmatik hat sich immer stärker mit dem Bemühen vermengt, die Metaphysik und die Onto-Theo-logie, die sie stets begleitet hat, zu überwinden. All das bedeutet wahrscheinlich, daß es irreführend wäre, diesen Text Heideggers nur als Zugeständnis an modernistische Motive oder lediglich als Übertritt des Philosophen von der einen christlichen Konfession zur anderen zu deuten. Es erscheint historisch tiefer begründet und auch den Entwicklungen seines Denkens angemessener, wenn man sich fragt, ob es hier nicht bedeutsame Hinweise darauf gibt, das Bemühen der Philosophie um Überwindung des metaphysischen Objektivismus positiver und produktiver mit der

Suche nach einer Auffassung des Christentums zu verbinden, die auf der Ebene der Dogmen wie auf der Ebene der Ethik endlich in der Lage wäre, das eigene ökumenische Bewußtsein auch und vor allem als Hören auf die neue – postmoderne – Epoche des Seins zu denken.

Anmerkungen

Einleitung: Glauben, daß man glaubt

1 Thomas S. Kuhn, *Die Struktur der wissenschaftlichen Revolutionen*, Frankfurt a. M.: Suhrkamp, 1967.

Erster Teil

1 Der Gott, der tot ist

1 Friedrich Nietzsche, *Kritische Studienausgabe*, hg. v. Giorgio Colli u. Mazzino Montinari, Bd. 12, *Nachgelassene Fragmente 1885-1887*, München: dtv, Neuausg. 1999, S. 213.
2 Karl Jaspers, *Nietzsche: Einführung in das Verständnis seines Philosophierens*, Berlin: de Gruyter, ^{4}1981.
3 Vgl. Gianni Vattimo (Hg.), *Filosofia '86*, Rom, Bari: Laterza, 1987.

2 Die Lehren Joachims von Fiore

1 Vgl. Ernst Bloch, *Subjekt – Objekt: Erläuterungen zu Hegel*, erw. Ausg., Frankfurt a. M.: Suhrkamp, 1977.
2 Vgl. Eugenio Trias, *La edad del espíritu*, Barcelona: Destino, 1994, S. 374.
3 Die Zitate von Joachim von Fiore entstammen seinen Werken *Concordia Novi ac Veteris Testamenti*, Venedig 1519 (im folgenden *Conc.*) und *Expositio in Apocalypsim*, ebd. 1527 (im folgenden *Exp.*), beide als anastatischer Nachdruck erschienen im Minerva-Verlag, Frankfurt a. M. 1964.
4 Vgl. Henri de Lubac, *La postérité spirituelle de Joachim de Fiore*, Bd. 1-2, Paris: Lethielleux, 1979-80.
5 Georg Wilhelm Friedrich Hegel, »Das älteste Systemprogramm des deutschen Idealismus«, in: ders., *Werke*, Bd. 1, *Frühe Schriften*, Frankfurt a. M.: Suhrkamp, 1971, S. 234-36.
6 Novalis, »Die Christenheit oder Europa«, in: ders., *Werke, Tagebücher und Briefe*, Bd. 2, *Das philosophisch-theoretische Werk*, hg. v. Hans-Joachim Mähl, München, Wien: Hanser, 1978, S. 731-50, hier: S. 737.

7 Das Werk Friedrich Schleiermachers, das für unser Thema vor allem von Bedeutung ist, ist *Über die Religion: Reden an die Gebildeten unter ihren Verächtern*, Berlin: de Gruyter, 1999; vgl. besonders die zweite Rede.

8 Vgl. René Girard, *Das Heilige und die Gewalt*, Zürich: Benziger, 1987; ders., *Das Ende der Gewalt: Analyse des Menschheitsverhängnisses*, Freiburg: Herder, 1983.

3 Gott, das Ornament

1 Vgl. Karl Löwith, *Weltgeschichte und Heilsgeschehen: Die theologischen Voraussetzungen der Geschichtsphilosophie*, Stuttgart: Kohlhammer, 1953.

2 Vgl. oben, Kap. 2, Anm. 4.

3 Vgl. Martin Heidegger, »Das Ding«, in: ders., *Vorträge und Aufsätze*, Pfullingen: Neske, ²1959, S. 163-81, hier: S. 180f.

Zweiter Teil

4 Geschichte des Heils, Geschichte der Interpretation

1 Um zu veranschaulichen, aber vielleicht nicht um zu erklären, was ich zu fassen bemüht bin, könnte ich auf eine Stelle in *Unterwegs zur Sprache* von Heidegger verweisen, an der er den Doppelpunkt, wie mir scheint, in demselben komplexen, aber nicht dunklen Sinn verwendet: »Das Wesen der Sprache: Die Sprache des Wesens«.

5 Das Abendland oder die Christenheit

1 Novalis, »Die Christenheit oder Europa«, in: ders., *Werke, Tagebücher und Briefe*, Bd. 2, *Das philosophisch-theoretische Werk*, hg. v. Hans-Joachim Mähl, München, Wien: Hanser, 1978, S. 731-50.

2 Hans Blumenberg, *Die Legitimität der Neuzeit*, Frankfurt a. M.: Suhrkamp, 1974.

3 Vgl. Karl Löwith, *Weltgeschichte und Heilsgeschehen: Die theologischen Voraussetzungen der Geschichtsphilosophie*, Stuttgart: Kohlhammer, 1953.

4 Vgl. die Diskussion zwischen Karl Löwith und Hans Blumenberg, die in *aut aut*, No. 222 (November-Dezember 1987) wiedergegeben ist.

5 Novalis, »Die Christenheit oder Europa«, a.a.O., S. 737.

6 Max Weber, *Die protestantische Ethik und der Geist des Kapitalismus*, Tübingen: Mohr, 1934.

7 Colin Campbell, *The Romantic Ethic and the Spirit of Modern Consumerism*, Oxford: Blackwell, 1987.

8 Zu diesen Themen gestatte ich mir auf zwei meiner Arbeiten hinzuweisen: *Die transparente Gesellschaft*, Wien: Passagen, 1992, und »Storia della salvezza, teoria della interpretazione«, in: *Micro Mega* 1992, No. 3.

9 Novalis, »Die Christenheit oder Europa«, a.a.O., S. 743.

10 Ebd., S. 738.

11 Ebd., S. 749.

12 Vgl. Norbert Elias, *Über den Prozeß der Zivilisation*, 1, *Wandlungen des Verhaltens in den weltlichen Oberschichten des Abendlandes*, Frankfurt a. M.: Suhrkamp, 1977; ders., *Über den Prozeß der Zivilisation*, 2, *Wandlungen der Gesellschaft: Entwurf zu einer Theorie der Zivilisation*, Frankfurt a. M.: Suhrkamp, 1977.

6 Tod oder Umwandlung der Religion

1 Vgl. unten Kapitel 8, »Die christliche Botschaft und die Auflösung der Metaphysik«, wo die These Diltheys und ihre Implikationen besser erläutert werden.

8 Die christliche Botschaft und die Auflösung der Metaphysik

1 Vgl. die Aufsatzsammlung Luigi Pareysons, *Dostoevskij: Filosofia, romanzo ed esperienza religiosa*, Turin: Einaudi, 1993.

2 Das lange Fragment über den »europäischen Nihilismus« ist enthalten in: Friedrich Nietzsche, *Kritische Studienausgabe*, hg. v. Giorgio Colli u. Mazzino Montinari, Bd. 12, *Nachgelassene Fragmente 1885-1887*, München: dtv, Neuausg. 1999, S. 211-17.

3 Wilhelm Dilthey, *Einleitung in die Geisteswissenschaften: Versuch einer Grundlegung für das Studium der Gesellschaft und der Geschichte*, Stuttgart: Teubner, [4]1959, S. 251, 262f. u. passim.

4 Ebd., S. 384f.

9 Gewalt, Metaphysik, Christentum

1 René Girard, *Das Heilige und die Gewalt*, Zürich: Benziger, 1987; ders., *Das Ende der Gewalt: Analyse des Menschheitsverhängnisses*, Freiburg: Herder, 1983.

2 Zur Veranschaulichung dieses Terminus, den ich in verschiedenen Büchern erörtert habe, verweise ich auf meine *Introduzione a Heidegger*, Rom, Bari: Laterza, [14]2000.

10 Hōs mē – Heidegger und das Christentum

1 Martin Heidegger, »Einleitung in die Phänomenologie der Religion«, in: ders., *Gesamtausgabe*, Bd. 60, *Phänomenologie des religiösen Lebens*, Frankfurt a. M.: Klostermann, 1995, S. 1-156.

2 Martin Heidegger, »Anmerkungen zu Karl Jaspers, ›Psychologie der Weltanschauungen‹«, in: ders., *Gesamtausgabe*, Bd. 9, *Wegmarken*, Frankfurt a. M.: Klostermann, 1976, S. 1-44.

3 Vgl. Heidegger, »Einleitung«, a.a.O., S. 31 ff. u. passim.

Namenregister